세상에서 가장 가치 있는 것은 사람의 마음을 사는 것이다.
I-Marketing은 사람의 마음을 사기 위하여 내가 나를 마케팅한다.

I-MARKETING

- 나를 홍보하라 -
한 번뿐인 인생, 세상에 소리쳐라!

김용현

Business & Management Books
비앤엠북스

추천의 글

직장생활을 30년 넘게 하는 동안 수많은 상사, 동료, 후배들과의 인연이 있었습니다. 그중 특히 호흡이 잘 맞았던 직장 후배가 이 책의 저자인 김용현 상무라고 생각됩니다.

IMF 유동성 위기로 인한 대우그룹 해체라는 위중한 상황 속에서 회사 최고경영자와 노사 · 인사 담당 임원으로서의 만남은, 저의 직장생활에서 마주친 이제껏 경험하지 못한 위기를 돌파하는 데 가장 큰 도움이 되었다고 생각됩니다.

저자인 김용현 상무는 회사와 전 임직원의 생존이 동시에 위협받는 구조조정 속에서 첨예한 입장에 설 수밖에 없는 노동조합과 사측의 중간에 서서 끊임없이 대화와 설득으로 합의점을 도출하여 상생의 무분규를 이끌어냈습니다.

이러한 결과를 도출해낸 근저에는 저자 특유의 긍정적 마인드, 논리정연하고 실천하는 리더십, 지치지 않는 열정 등이 작용하였다고 생각합니다.

이 책에는 어떠한 어려운 상황에 처하더라도 성실히 준비하여 뚜벅뚜벅 한 걸음씩 목적을 달성해가는 저자의 근성 있는 생활태도와 풍부한 지식이 종합적으로 잘 표현되었다고 생각됩니다. 특히 저자가 직장 은퇴 이후 대학 강단에서 학생들과 공유했던 지적 경험과 학문 탐구의 결과들이 책 전반에 걸쳐 다양하게 드러나 있습니다.

생각보다 오래 지속되고 있는 답답한 코로나-19의 언택트 상황 속에서 차분히 읽어볼 만한 책이라 생각됩니다. 《I-Marketing》은 일반 직장인뿐만 아니라, 대학생 및 사회생활을 준비하는 취업준비생에게도 참고할 만한 지침서가 될 것이라 생각되어 일독을 권하며 추천합니다.

2021년 4월

이승창(전 대우전자 대표이사)

프롤로그: 책을 시작하면서

"The great aim of the education is not knowledge but action."
(교육의 위대한 목적은 지식이 아니라 행동이다)

– 허버트 스펜서(Herbert Spencer) –

지금의 나를 있게 해 준 여러 생각과 행동의 흔적들을 찾아내서 다시 한번 세상에 소리치기로 마음을 먹었다. 사실 2012년에 태어나서 처음으로 나의 책,《샐러리맨 이렇게 디자인하자》를 출판했는데 벌써 10년이란 세월이 흘러갔다.

당시 처음 책을 출판했을 때는 그 무엇과도 바꿀 수 없는 자부심과 애착이 컸지만, 아쉬움과 부족함 또한 많이 느꼈다. 10년이면 강산도 변한다는데, 그 부족함을 보완할 수 있는 충분한 시간을 가진 것 아닌가? 완전히 새로운 내용과 콘셉트로 독자에게 한 가지라도 가치를 드렸으면 하는 소망을 가지고 두 번째 도전을 시작한다. 손때 묻은 서재에 둘러싸여 정신을 곧추세우고 흥분과 설렘으로 과거로의 경험 여행을 과감하게 출발한다.

한때는 국내 최고라고 자부했던 대우그룹 공채에 합격하여 27년을 재직하는 동안 회사가 노사관계 최우수 기업으로 선정되는 데 핵심 역할을 수행하였으며, 별 따기만큼 어렵다는 임원까지 올라봤다. 직장을 퇴사하자마자 곧바로 경영컨설팅 회사를 운영하면서 실무 지식과 노하우 전수에 만족과 보람을 느꼈다. 공 · 사기업에 강의나 컨설팅을 수행하면서 재능과 경험을 후배들과 공유하는 기쁨도 만끽했다. 정부산하 재단의 자문위원을 맡아 노사관계 정책 제언도 수행해 보았다. 여러 대학에서 취업 특강으로 호평도 받아보고, 천재일우의 기회가 주어져 대학 강사로 채용되어 대학생들과 지적 교감을 나누는 영광도 맛보았다. 그렇게 내 힘으로 인생의 귀중한 중간 결과물을 만들어 냈다.

이것이 바로 나의 얘기이다. 기울어진 세상의 잣대로만 보면 넘사벽(넘을 수 없는 4차원의 벽, 위로 올라갈 수 있는 사다리가 없어져 버린 상태)의 무슨 특별한 배경이나 특출한 두뇌로 성공했을 것이라고 예단할지 모르겠다. 오늘날 한국 사회는 아빠 찬스, 엄마 찬스 및 무슨 찬스 등이 유행하면서 배경이 없으면 루저(loser)가 될 수밖에 없다는 자조와 한탄이 넘치는 세상이 되었다. 또 실제로 그런 찬스 수혜를 받고 자란 소위 선택받은 사람 중에는 주위 시선에 아랑곳하지 않고 목소리를 한껏 높이거나 어깨를 들썩이고, 마치 자기만의 세상이라도 된 듯이 기고만장하고 있으니 이해 못 할 바는 아니다.

먼저 고백해야겠다. 소위 일류? 문턱에도 가 본 적이 없다. 배경과 찬스? 가당치도 않다. 시골 촌 나부랭이 주제에 무슨 배경이나 찬스 따위가 있겠는가? 한때나마 철없던 시절 남들의 '찬스'를 동경하고 부러워는 했을지언정, 나와는 동떨어진 먼 저세상의 일이었다. 머리 좋음? 좋게 봐주면 정규분포상의 중간 어귀쯤에 수렴할 것이다. 한 마디로 모든 면에서 세상 중간쯤 가는 평범한 보통 인간, 이상도 이하도 아니다. 그래서 젊은 날 "항상 다수 쪽에 서야 한다"는 아버님의 말씀을 어쩔 수 없이 지켜내야 했던 그런 중간치기에 불과했다.

그렇다고 환경을 탓하지 않았다. 더구나 절망감으로 자신을 옭아매지도 않았다. 오히려 부족한 주변 환경을 역이용해서 더 힘찬 인생을 살아가자고 다짐했다. 군대를 제대하고 나서 나는 과거와는 완전히 다른 운명의 개척자가 되었다. 누구에게나 공평하게 주어진, 인생의 가장 큰 선물인 시간을 온전하게 활용하여 숨어 있는 '나'를 찾아냈다. "굼벵이도 구르는 재주 하나는 가지고 태어난다." 아버지께서 내게 주신 희망이라는 유언이다.

약점 요인과 위기 요인을 있는 그대로 받아들이고, 강점 요인과 기회 요인을 더욱 강화했다. 이미 숙명처럼 딱지로 굳어버린 환경을 탓하지 않고, 오히려 주어진 환경을 이겨내기 위해 젖 먹던 힘까지 짜내면서 희망의 끈을 놓지 않고 싸우고, 또 싸워나갔다. 누가 뭐라 해도, 지금까지의 나의 결과물은 스스로 계획하고 성취해 낸 자랑스러운 땀과 노력의 결정체이다.

몇 해 전에 고등학교 선배님과 등산을 한 적이 있었다. 평소 귀감이 되는 언행으로 후배들의 존경을 받아 온 분이라, 본받고 싶은 마음에 무척이나 따랐다. “행복은 멀리 있지 않고 바로 자신에게 있다. 나를 알면 비로소 행복이 보인다. 그러기 위해서는 비교하지 말고, 부끄러워하지 말고, 부러워하지 마라!” 이와 비슷한 내용은 평소에도 접해서 어느 정도는 알고 있었지만, 실천을 하늘처럼 받드는 선배님의 살아 숨 쉬는 경험의 소산인지라 부쩍 마음에 와 닿았다. 맞아, 이 세 가지를 절대로 하지 말아야지.

그렇다. 세상에서 유일한 절대적 존재가 자신인데, 흔히들 다른 사람과 비교함으로써 상대적 존재로 격하시키는 우를 범하곤 한다. 그 결과는 백이면 백 스스로가 주인임을 포기하는 것이고, 악순환의 질곡으로 나를 추락시키는 것이다. 자신에게 들이대는 자해행위이다. 내가 나를 업신여기고 가족을 남과 비교하고 평가하려 드는데, 세상 사람 누군들 나를 좋아하고 내 가족을 존중하겠는가?

인간은 세상에 나올 때 자신만의 고유한 탤런트(talent)를 갖고 태어난다. 인생을 한 폭의 그림에 비추어 본다면, 각자는 자신에게 맞는 그림을 하나씩 그리도록 소명을 부여받았다. 어떤 이는 큰 폭의 그림을, 어떤 이는 중간 폭의 그림을, 또 어떤 이는 아주 작은 폭의 그림을, 자기 스스로 결정해서 그린다.

다름은 세상 운행의 당연한 이치이다. 다름은 조화로운 세상을 만들어 주는 윤활유이면서 상호 실존을 가능케 하는 근거이다. 서로가 다르지 않고서는 세상이, 인간이 존재할 수 없는 것이 또한 진리이기 때문이다. 따라서 다르다는 것은 인간사 필연이고 아름다운 것이지, 차별대상이나 비하와 경멸의 놀림감이 되어서는 결코 안 된다.

인간은 누구나 스스로 선택한 화폭에 자신의 그림을 채우면서 인생을 살아간다. 남이 대신 그려줄 수도 없고, 그렇다고 베낄 수도 없는 노릇이다. 크든 작든, 잘 그렸든 못 그렸든 세상의 잣대로 평가하거나 평가받을 필요조차 없다. 더구나 상대 평가는 존재해서는 안 된다. 나부터 당장 비교하거나 비교당하거나, 차별하거나 차별받는 폐습을 과감하게 떨쳐버려야 한다. 내가 결정해서 살아 온, 있는 그대로의 나의 삶이 자부의 대상이자 진정한 가치이기 때문이다.

한 번뿐인 인생, 세상에 힘 있게 소리쳐 보자! 나 혼자 소리 질러 보자니, 너무나 아쉽고 안타까운 마음에 함께 소리쳐 보자고 동참을 호소하기 위해 문을 두드리는 것이다. 나는 머리로만, 행동과 경험이 수반되지 않은 글로 시간 낭비하는 것을 원하지 않는다. 나의 실재하는 행동과 경험들이 누군가의 기억 속에 저장될 간접 경험의 장이 되어, 행동과 변화의 삶을 살고자 하는 누군가의 삶에 조금이나마 힘이 되고 나침반이 되었으면 하는 희망으로 한 장 한 장 페이지를 늘려가고 있다.

특히 학생들과 마케팅을 토론하면서 많은 것을 느끼고 생각했다. 요즘 마케팅이 대세다. 명사 뒤에 ○○○ 마케팅만 붙이면 다 통용된다. 상품 마케팅, 서비스 마케팅, 복지 마케팅, 도시 마케팅, 대학 마케팅, 영화 마케팅, 문화 마케팅, 심지어 진학 및 취업 마케팅 등등. 마케팅은 거래 및 교환 관계, 상호 win–win 관계로서 고객 만족과 고객 가치 혁신을 추구하는 고객 우선주의 가치를 중심으로 연구하는 학문이다. 따라서 마케팅은 경영학은 물론 경제학, 심리학, 사회학, 철학 등을 두루 망라한 인문 사회 과학의 축소판이라 해도 과언이 아니다.

아울러 마케팅에는 바람직한 인간관계 형성과 목표지향적인 삶을 안내하는 맛깔스러운 의제들이 농밀하게 함축되어 있다. 능력이 미치지는 못하지만, 나름 인생을 요리하는 셰프(chef)가 되어 'I–Marketing'이라는 이름으로 인간관계와 마케팅이 함께 조합된 맛난 요리를 선보이고 싶다. 세상에서 가장 가치 있는 것은 '사람의 마음을 사는 것'이다. 따라서 I–Marketing은 "사람의 마음을 사기 위해서 내가 나를 마케팅한다"는 뜻이다.

두 권의 책을 내는 동안 기꺼이 추천사를 써주신, 나의 삶의 사표이

시고 직장 멘토이신 전 대우전자 이승창 사장님께 감사를 드린다. 이 책이 나오기까지 음으로 양으로 많은 도움을 준 나의 친구 한형서 박사에게 감사의 마음을 전한다. 삶의 여정 속에서 함께 동고동락하면서 든든한 버팀목이 되어준 평생 반려자인 사랑하는 아내, 학문에 뜻을 두고 독일에서 학업에 열중하고 있는 아들, 숨길 수 없는 재능으로 하고 싶은 일에 과감히 도전하고 있는 딸에게 감사를 드린다. 특히 내 현재 모습의 절반 이상을 희생으로 책임져 주신 큰형님 내외분을 비롯한 형제자매 가족 여러분께도 감사를 드린다. 유명을 달리하신 아버님, 90세가 넘도록 자식 걱정만 하시는 어머님께 불효자 두 번째 책을 바칩니다. 끝으로 좋은 책이 될 수 있도록 열심히 애써주신 비앤엠북스 정광식 사장님과 정경식 이사님, 편집부를 비롯한 여러분께 감사를 드린다.

2021년 봄의 기운을 느끼며,
한 번뿐인 인생, 세상에 소리쳐 보자!

인천 서재에서 김용현

차례

제4부 새로운 물결

I-MARKETING

제1부

I-Marketing 기본 정석

나들이31

뉴욕의 배경을 아스라이 뒤로하고 전통 한복의 멋스러움과 우아한 여인상을 통해 한류의 세계화를 소망하다.

제1장

인간의 존재 이유

- 생각에 대하여
- 생각, 거래를 시도하다
- 최고의 기업은 Think!를 가지고 산다
- 생각이 깊은 사람이 성공한다

제1장 인간의 존재 이유

■ 생각에 대하여

우리는 소크라테스(Socrates, BC 399년 사망)를 철학의 아버지라 부른다. 또한 '철학은 생각의 소유물로서 행복을 추구한다'라고 배웠다. 여기에서 생각은 인간의 의식 활동과 관련된 모든 것으로서 사물을 헤아리고 판단하는 작용을 의미한다. 지구상에 인간 외에 어느 것이 이성적으로 생각할 수 있겠는가? 소크라테스를 철학의 아버지라고 부르는 이유는 '삶의 목적'에 대하여 최초로 가장 깊이 있게 생각한 사람이라는 말일 것이다.

역사를 움직인 위대한 인물들은 한결같이 생각의 깊이가 깊다. 위대한 철학자 소크라테스는 인간에게 '너 자신을 알라'는 화두를 유언처럼 남기고 세상을 떠났다. 생각이 가장 깊은 대철학자가 복잡하기 이를 데 없는 '너 자신을 아느냐'고 묻는데, 생각도 해보지 않고 답하는 것은 불가능한 일이다. 그러기에 '너 자신을 알라'의 철학적 표현을 일상의 쉬운 말로 바꾸면 '제발 생각 좀 하고 살아'라는 말임에 틀림이 없다. 생각은 누가 하는가? 내가. 행복은 어디에 있는가?

내 마음속에 있는 것이다.

일찍이 고대 철학자들은 인간을 생각하는 동물이라고 하면서 생각에 각별한 의미를 부여하였다. 후대에 이르러 데카르트(René Descartes)는 '나는 생각한다. 고로, 나는 존재한다'라고 하면서 생각을 인간의 존재 이유라고 하였다. 파스칼(Blaise Pascal)도 '인간이란 생각하는 갈대이다'라고 하면서 생각의 유연성과 다차원성을 크게 강조하였다. 또한 인간이 만든 세계 최고의 조각작품을 들라면, 아마도 십중팔구는 로댕(Auguste Rodin)의 〈생각하는 사람〉이 아닐까 싶다. 바로 생각이 인류 진화 및 발전의 핵심 동력이라는 사실이 인간 유전자 속에 들어와서 과거로부터 현재까지 이심전심으로 이어져 오고 있음을 알 수 있다. 생각, 참 좋은 유전자이다.

안타깝게도 현대에 이르러 생각의 소유물이라고 하는 철학이나 신학, 심지어 인문학까지도 너무 어렵고 현학적이다. 심지어 어떤 부분은 궤변적이기까지 하다. 모든 것들이 해석에 해석을 더하고, 이론에 이론을 덧칠하다 보니 본질은 가려지고 주의 주장만 드러난다. 상황이 이 지경이다 보니, 일반인들은 이해하기도 어려울뿐더러 일상생활에 별 도움을 못 느끼고 산다. 그래서인지 세상에는 생각 없이 사는 사람들이 적지 않은 것 같다. 이러한 비정상적인 현상들은 철학의 부재, 넓은 의미로는 생각의 부재에서 비롯된 것이다.

인간의 궁극적인 목표는 행복이다. 그런데 인간은 애초에 텅 빈 그릇을 가지고 태어난다. 행복과 불행이란 그릇이 따로 정해져 있는 것도 아니다. 살아가면서 다양한 슬픔과 기쁨, 불행과 행복, 결핍과 풍요, 질병과 아픔, 만남과 이별, 증오와 사랑을 뒤섞어 채워 가면서 그것을 정도에 따라 행복, 불행이라고 판단할 따름이다. 이미 행복이 채워져 있다면 실제로 불가능한 일이지만 이 얼마나 따분하겠는가!

행복이나 불행은 본디 채워 가는 과정과 과정에서 일어나는 정신 활동이다. 증류수가 아닌 우여곡절 수가 곁들여져 있을 때 행복의 참맛을 더 크게 맛볼 수 있다. 그래서 행복이란 추상적이므로 계량화가 불가능하고, 과정 속에만 존재하는 것으로 종착점이 있는 것이 아니다. 행복은 오직 나만이 알 수 있는 것이다. 행복이란 것도 생각과는 떼려야 뗄 수가 없다. 그러기에 행복과 불행도 생각하기 나름이라고 한 것이다.

■ 생각, 거래를 시도하다.

인간은 생각을 통해서 행동을 유발하고 변화를 이루어 왔으며, 앞으로도 다방면에 걸쳐 생각을 통해 새로운 혁신과 진보를 끊임없이 진행할 것이다. 세계 최고의 기업인 애플을 창업한 고 스티브 잡스(Steve Jobs)는 '소크라테스와 한나절을 보낼 수만 있다면 애플이 가진 모든 기술을 줄 수 있다'고 호언했다. 소크라테스와의 한나절 짧은 시간과 자신의 전 재산을 맞바꿀 수 있다는 거래를 시도한 것이다.

이 말에는 여러 가지 함축된 의미들이 내포되어 있음이 분명하다. 다만 여기에서 이 말을 인용하고자 하는 것은 필자 나름의 해석을 추가하고 싶어서이다. 물론 스티브 잡스가 직접 해석까지 할 필요는 없는 것이고, 설령 그가 해석했다고 해서 그 해석에만 목맬 이유도 없다. 해석은 느끼는 자의 몫이고, 생각은 자유이니까!

스티브 잡스는 사업가니까, 아마도 이런 생각을 조금은 포함했을 것이다. 당신의 그 생각하는 지혜를 나의 전 재산과 맞바꿔도 결코 손해 보는 장사가 아니다. 물질은 유한한 것인데, 무한한 것인 지혜와 바꿀 수만 있다면 이 얼마나 남는 장사인가. 또 그 생각 지혜를 가지고 다른 유형적인 것들을 얼마든지 만들 수 있으니 말이다.

물론 상상 속의 얘기이지만, 역사상 최초로 생각 거래를 시도한 스티브 잡스는 생각에 대해 특별히 유별났다. 누가 감히 소크라테스의 생각을 사고 싶다고 거래를 시도할 수 있겠는가? '역시 스티브 잡스니까 가능해'라는 말을 하지 않을 수 없다. 사실 그는 자신이 살아온 삶의 궤적들을 통해서 실체로서 생각의 위대함을 확실하게 입증한 비범한 사람이다.

그는 평소 생각이 깊지 않거나 생각이 부족한 직원을 무척이나 싫어했다. 그는 직원들에게 남들이 하지 않은, 차원이 다른 생각에 집중할 것을 쉼 없이 주문했다. 생각이 안 날 때면 다른 사람의 기발한 생각을 훔치기라도 하라고 주문했다. 실제로 그도 다른 기업이 먼저 생각해 낸 아이디어를 훔쳐서 발 빠르게 먼저 제품화에 성공하기까지 하였다. 우리는 긍정의 표현으로 지나치다 싶을 정도로 뭔가에 집중하는 사람을 미쳤다고 말한다. 한마디로 잡스는 생각에 제대로 미친 사람이었다.

여기에서 잡스가 우리에게 주고자 했던 가장 중요한 메시지는 무엇일까? 그 자신이 이미 생각의 지혜가 인류 발전의 핵심 동력원이라는 사실을 알고서, 생각의 지존인 소크라테스를 빌어 인간들에게 생각의 무한한 가치를 새삼 강조하고 싶었을 것이다. 그는 생각의 위대함을 알리기 위해 2천 년 이상의 시간과 공간을 뛰어넘어 대철학자 소크라테스를 소환하여 생각의 교감을 시도한 것이다. 그 생각 유전자가 바로 애플을 세계 최고의 기업으로 우뚝 서게 한 힘과 에너지가 된 것이다.

■ 최고의 기업들은 Think!를 가지고 산다.

지금 세계를 주도하고 있는 기업들을 물으면, 맨 처음 이름이 상기(Top of Mind, ToM)되는 기업으로 애플, 마이크로소프트, 구글, IBM 등을 들 수 있다. 이들 기업의 공통적인 성공 DNA는 무엇일까? 물론 한

두 개로 정의하기는 어렵겠지만, 결정적인 하나의 공통점을 가지고 있다. 그것이 바로 'Think'이다.

IBM의 최고 경영자였던 토머스 왓슨(Thomas J. Watson)은 회사 현관 입구에 'Think!' 간판을 부착하여, IBM이 세계 최고의 Think! 회사임을 만천하에 천명하였다. 그것도 모자라서 사무실 곳곳을 Think! 표어로 도배하다시피 하여 직원들에게 think를 몸에 달고 살 것을 주문하였다. 그 자신이 스스로 think하면서 일어나고, think하면서 먹고, think하면서 잤다고 한다. 그의 하루 전체가 think로 채워져 있었다고 해도 과언이 아니다. 토머스 왓슨의 노력으로 Think!가 전 직원에게 긍정 바이러스로 퍼져 IBM이 현존하는 세계 최고의 Think! 컴퓨터인 왓슨(Watson)을 창조해 낸 것이다. 왓슨이 바로 그 왓슨이다.

MS의 빌 게이츠(Bill Gates)는 'Think Week'을 정해서 직원들에게 생각의 지혜를 일깨워 주었다. 실제로 생각의 귀재인 빌 게이츠는 컴퓨터 소프트웨어 회사를 창업하여 PC 운영체제인 MS DOS에서 윈도우(Window)에 이르기까지 한시도 생각을 멈추지 않고 끊임없는 변화를 이끌어왔다. 자신의 책, 《빌 게이츠@생각의 속도》는 자신의 생각 철학이 오롯이 녹아있다. 그는 말한다. "21세기는 생각의 속도가 운명을 결정한다. 다가올 10년의 변화가 지난 50년의 변화보다 더 클 것이다." 물론 변화는 생각으로부터 연유한다.

Think! 하면 애플도 빼놓을 수가 없다. 스티브 잡스는 'Think Different'를 외쳤다. 생각도 생각 나름이라는 것이다. 역발상의 Think! 라고나 할까. 그는 누구나 갈 수 있는 think하는 길이 아닌, 다른 사람이 미처 생각지 못한 다른 think하는 길을 주문했다. 복잡한 것을 단순하게, 어려운 것을 쉽게, 기술 지향적인 것을 인간 편의적인 것으로, 제품이 아닌 가치로, 현실 안주하는 것을 미래 지향적인 것으로 차원이 다른 생각을 통해서 세계 최고의 기업이 된 것이다.

지금 인터넷 검색 시장을 지배하고 있는 기업은 구글이다. 구글 또한 차원 높은 생각의 발상을 통해서 새로운 인터넷 세상을 개척하고 있다. 40대 초반의 젊은 나이에 구글의 CEO가 된 순다르 피차이(Sundar Pichai)는 몇 해 전 한국에서의 한 대중 강연에서 '끊임없이 의심하면서 think하는 것'이 구글의 핵심 성공 요소라고 설명하면서 젊은이들에게 Think!의 중요성을 강조했다. 그는 이미 생각이 구글의 핵심 자산임을 알고 스스로 생각하여 변화를 주도하고 있었던 것이다.

세계적인 기업들이 하나같이 생각을 가장 중요한 핵심 자원으로 꼽고 있다. 또한 핵심 자산인 생각을 통해서 최고 기업의 반열에 이름을 올리고 있다. 칭기즈칸은 말했다. "한 사람의 꿈은 단지 꿈일 수도 있지만, 만인이 꾸는 꿈은 반드시 현실이 된다." 나는 강조한다. "한 사람의 생각이든, 만인의 생각이든 행동으로 옮기면 역사가 된다." 최고의 기업들이 생각 덕분에 성공했다고 고백하는 것은 결코 우연의 일치가 아니다. 바로 생각이 만들어 낸 필연의 결과물이다. Thank! Think! 나는 생각한다. AI(Artificial Intelligence)도 위 두 단어의 가운데 토막에서 유래된 것은 아닐까!

■ 생각이 깊은 사람이 성공한다.

Think!를 외치는 개인이나 집단을 보면, 성공이 우연이 아닌 필연이라는 사실을 새삼 알게 된다. 특히 무형성이 유형성을 대체하고, 가상 공간이 현실 공간을 보완하고, 많은 분야에서 패러다임이 바뀌는 혁명적인 상황에서, Think!만큼 소중한 자원도 없을 것이다. 'Think, Think, Think!' 한국의 기업들이 반드시 벤치마킹 우선순위로 삼아야 한다. 비단 기업들뿐이겠는가? 마음의 부자가 되기를 바라거든, 참 성공을 바라거든 너도나도 예외 없이 Think!를 붙들고 살아야 한다.

"생각은 결론을 얻으려는 관념의 과정이자, 목표에 이르는 방법을 찾으려는 정신 활동이다. 생각은 지각, 기억, 지식, 직감 등을 통해서 분석 예측한 결과를 가지고, 행동에 이르게 함으로써 원하는 목표에 도달토록 하는 정신 활동이다. 생각이 언어, 행동, 삶 전체를 지배한다."(《빌 게이츠@생각의 속도》, 1999)

행동 심리학에 보면, 생각은 행동을 자극한다. 배고픔을 느낄 때

먹을 것을 생각하고 부엌이나 식당을 찾게 된다. 부족한 것이 있을 때(필요 인식), 그 부족함을 채우려고 생각한다. 더 좋은 것이 있을 때(기회 인식), 나도 갖고 싶다는 생각이 든다. 그런데 생각은 생각만으로 끝나면 아무런 의미가 없다.

마케팅에서 소비자 의사결정 과정을 보면 확연히 알 수 있다. 시장에서 물건을 산다고 할 때 먼저 욕구를 채우기 위해 무엇을 살까를 생각한다. 다음으로 어떤 점이 좋은지 알기 위해 내·외부의 정보를 탐색한다. 정보 탐색이 끝나면 대안을 선택한다. 마지막으로 대안 중에서 하나를 정하고 구매 행동에 들어간다. 바로 생각이 비롯되어 행동을 유발하는 확실한 예이다. 세상사 다 마찬가지 이치이다. 따라서 생각이 없으면 행동도 없다고 단정해도 무방하다.

워런 버핏(Warren Buffett)을 오마하의 현인이라 부른다. 흔히들 현인이라고 하면, 성자 아래의 비범한 인물을 말한다. 그만큼 버핏은 돈을 버는 일에 있어서 이 시대의 지존이다. 물론 현인이라고 부르는 것은 돈을 제일 많이 벌어서가 아니라, 번 돈을 가장 가치 있게 쓸 줄 아는 비범한 인물이기 때문이다. 세계 최고의 부자이면서 세계 최고의 기부자인 워런 버핏과 한 끼 식사를 위해서 백만 불 정도를 아까워하지 않고 기꺼이 기부하겠다는 사람들이 줄을 서서 대기하고 있다. 왜? 돈을 쓸 데가 없어서? 자랑하고 싶어서? 기사화되는 것이 좋아서? 결코 아니다. 바로 가치로 매길 수 없는 현인의 생각 지혜를 직접 보고 본받기 위해서이다.

그러고 보니, 생각이 깊은 사람이 철학자도 되고 부자도 된다. 성공하는 사람은 반드시 생각이 깊은 사람이다. "저 친구 도무지 생각이 없어!" 인간의 본성을 건드리는 가장 굴욕적인 표현이다. 누구든지 이 말을 듣는 순간 바로 생각을 고쳐먹어야 한다. '고친다'가 아닌 '고쳐먹는다'는 말의 깊은 의미를 되새기자. 생각 없이 사는 인생, 제대로 살았다고 볼 수 없다.

제 2 장

교육의 위대한 목적

- 성공이란 무엇인가
- 교육에 대한 잘못된 인식들
- 교육의 위대한 목적은 행동이다

제2장 교육의 위대한 목적

■ 성공이란 무엇인가?

소위 성공이나 출세를 위해 50대 후반까지 마치 전쟁을 치르듯이 살아간다. 아니 전쟁하면서 살아온 것이 정확한 표현이겠다. 각자의 가치관에 따라 목표들이 다르겠으나, 보통은 세 가지 전쟁을 치르고 산다고 한다. 출세 전쟁, 돈 전쟁, 자녀 전쟁이 그것이다. 그 전쟁이란 것도 자기만족을 위한 것도 있겠지만, 남보다 더 많이 쟁취하기 위한 과한 욕심에서 더 악착스럽기만 하다.

출세와 성공을 위해서는 수단과 방법을 가리지 않는다. 먹고사는데 별 지장이 없을 것 같은데도, 그럴듯한 목적도 없이 더, 더, 하면서 돈 버는 것에 집착한다. 자녀의 능력이나 특기는 아랑곳하지 않고, 일류가 모두의 목표이다. 그러다 보니, 우리라는 공동체로서의 존재감은 쓰나미에 휩쓸려가듯 흔적 없이 사라지고, 극심한 경쟁 속에서 나와 내 가족만을 생각하면서 주위에 더 높은 장벽을 세운다. 마치 벼랑으로 떨어질 수밖에 없는 욕망이라는 전차를 타고 달리는 것만 같다. 스스로 만든 고립의 성, 독방을 만들어 산다.

전쟁을 치렀으면 무슨 가치 있는 보상이 주어질까? 사실 출세라는 것도 조직에 있을 때나 중요한 것이지, 초등학교 입학하는 어린이 명찰 부착하듯이 앞가슴에 달고 다닌다고 누가 알아주기라도 하는가? 출세했다고 치자. 그래서 뭐가 달라졌는데? 재테크로 남보다 많은 돈을 모았노라고. 그래, 기본 중의 기본인 지갑 여는 법조차 모르면서 뭐? 삼시세끼 밥 잘 먹고 남한테 손 안 벌리면 됐지. 쾌락적인 것? 그것은 또 다른 독방을 하나 더 만드는 것에 지나지 않는다. 자녀 자랑? 그래서 뭐, 너와 무슨 상관이 있는데. 왕년에 방귀깨나 안 뀌어 본 사람 있나? 군대 갔다 왔으면 다 알 것 아닌가! 그나마 끝까지 함께 할 것 같았던 가족마저도 제 살길 찾아서 각자 흩어져 버린다.

그런데, 100세 시대란다. 60대 중반 너머 독방 신세 되고 보니 비로소 깨닫는다. "내가 무엇 때문에 주위를 폐허로 만드는 전쟁을 치르면서 살아왔을까? 누구 좋으라고? 그렇다고 좋아한 사람 주변에 보이지도 않은데? 왜 이 고생을 사서 했을까?" 바로 나를 포함한 기성세대가 맞닥뜨리는 통과의례, 의문부호(?)이다. 후회해 봐야 너무 늦은 것 같다. 그래도 늦다고 생각할 때가 빠르다는 말을 위안으로 삼아보자. 그려, 지금부터라도, 또 후배 세대들을 위해서라도!

이제는 말할 수 있다. 성공이란 무엇인가? 출세나 높은 지위, 그리고 부자 되는 것, 아니면 자녀 잘 키우는 것? 아니다. 세속적인 잣대로 재단된 박제된 성공을 말하고 싶은 생각은 추호도 없다. 차별적으로 비교하기 위해 만들어진 포장된 등식에는 무감각해진 지 꽤 되었다. 나이 들어 생각해 보니, 소중한 것들에 대한 희생의 대가로 얻어낸 세속적인 성공이, 잠시 잠깐 황홀에 취한 듯하다가 이내 사라지고 마는 신기루 같은 것이라는 사실을 절감하곤 한다. 왜? 상대적으로 포기해야만 했던 기회비용의 가치가 커도, 너무 크니까.

필자가 말하고자 하는 성공이란, 나의 행동의 결과로 변화되어 온 현재의 나의 모습, 그 자체가 바로 성공이라는 것이다. 상대와 싸우지 않고 이기는 성공이고, '너 죽고 나 살기 식'의 극한 경쟁이 필요 없는 성공이다. 물론 성공을 이유로 가족을 희생시키거나, 형제자매와 척지거나, 이웃을 배척하는 일도 없다. 나의 행동과 변화의 결과인 내가 살아 온 삶의 궤적의 합이 성공이기 때문이다. 성공했노라고 드러낼 필요도 없다. 초음파나 MRI가 아니더라도, 성공은 모두의 마음속에 크기를 달리하되 분명한 형태로 존재함을 느낄 수 있다.

물론 진짜 성공을 위해서는 자신과의 싸움에는 더욱 치열할 수밖에 없다. 신기하게도 남이 아닌 자신과의 싸움에서 이기고 나면 긍지와 자존심, 그리고 자부심이 넘치는데 어찌 중단할 수 있겠는가! 이러한 성공에 대한 의식의 전환은 교육의 목표가 무엇인지를 알면서 비로소 깨달을 수 있었다.

■ 교육에 대한 잘못된 인식들

인생을 살아오면서 많은 글과 책들이 삶의 밑거름이 되었지만, 여기 소개한 이 한 줄의 글귀에는 필자의 운명을 바꿔 놓은 핵폭탄급 대반전이 숨어 있었다. "교육의 위대한 목적은 아는 것이 아니라 행동이다(The great aim of the education is not knowledge but action)." 영국의 교육 철학자 허버트 스펜서(Herbert Spencer)경의 말이다. 필자는 교육을 단지 지식을 습득하는 것이 전부인 것처럼 배워서 알고 있었다. 역시 생각이 짧고, 생각이 깊지 못한 결과였다. 교육의 위대한 목적이 아는 것이 아니라 행동이라는 말을 화두로 삼고 생각을 거듭한 끝에, 비로소 행동이 교육의 목표라는 진실을 깨닫게 되었다. 교육이 무엇이고, 교육의 본질과 역할이 무엇인지를 알게 되고, 덤으로 참다운 삶이 무엇인지를 얻는 기쁨도 맛볼 수 있었다.

처음에는 뭔 소리? 교육의 목적은 공부를 잘해서 시험 잘 보고, 좋은 대학 들어가서 출세하고, 돈 잘 버는 것 아닌가? 그렇게 하려면 유치원 들어가기 전부터 준비하지 않으면 세상이 우러러보는 것들을 얻기에는 턱도 없어. 닥치고 국 · 영 · 수 잘할 수 있는 기초를 만드는 것이 무엇보다 중요해. 성공해서 돈 많이 벌겠다는데 뭐가 나빠. 물론 대다수, 자녀를 둔 부모들은 필자의 처음 생각이나 별반 차이가 없었을 것이다. 그러면서 우리 꿈나무 자녀들에게 교육이라는 이름으로 오직 시험 잘 보기 위한 공부의 신이 되어 주기만을 기대했을 것이다.

대부분 유치원부터 대학교까지 약 20여 년의 긴 교육과정을 거치면서 주입식 위주의 강요된 교육을 받는다. 교육의 목표는 겉으로는 전인격인 양성이라고 말들을 하지만, 속을 들여다보면 부인할 수 없는 단 하나, 좋은 대학 들어가서 좋은 직장에 취직하고 출세하기이다. 좋은 대학에 합격하기 위해서는 남보다 앞서야 한다고 온 가족이 나서서 시험 잘 보기 위한 지식 습득에 일로매진하는 것이다. 그것도 모자라 취직시험까지 고려하면 무려 30년 가까이나!

물론 전부 다 틀린 말은 아니다. 좋은 학교, 좋은 직장, 출세를 싫어할 사람이 세상에 누가 있겠는가? 못해서 안달이고, 못하니까 질투지. 문제는 모든 젊은이더러 무조건 20여 년 이상을 한 방향, 한 곳만을 향해서 가라 하니까, 남들도 가니까 무작정 따라가라고 하니까 이 말이 맞느냐이다. 그리고, 그 결과가 인간의 궁극적 목표인 행복을 거저 가져다주느냐이다. 좀비의 실체를 보는 것 같아 소름이 확 돋는다.

문제는 교육의 본질이 잘못 뒤바뀌어서이다. 근본 목표가 아닌 일부 수단에 너무 집착하고 있다. 교육이라는 이름으로 시험 준비 학원처럼 모든 것이 시험의, 시험에 의한, 시험을 위한 시험용 공부에만 치우쳐 있다. 모든 젊은 세대에게 획일화된 목표를 제시하고 경쟁,

경쟁, 하면서 질식 상태로 내몰고 있다. 10%가 갈 수 있는 길을 90%마저 똑같이 따라가도록 강요하고 있다는 것이다.

안타깝게도 다수의 젊은이들은 교육이라는 미명으로 거의 20여 년 이상의 긴 세월 동안 정신적 강제노역을 당하고 있다. 거기에 무슨 미래가 있고 희망이 있겠는가? 교육의 위대한 목표는 시험을 잘 보기 위한 지식 축적이 결코 아니고, 경쟁에서 이기기 위한 지식 습득은 더더욱 아니다. 지식을 쌓아 시험을 잘 보고 경쟁에서 이기는 것이 마치 교육의 전부인 것처럼 당연시하는 잘못된 인식부터 바꿔야 한다. 교육의 위대한 목적은 아는 것이 아니라 행동이다.

■ 교육의 위대한 목적은 행동이다.

행동이란 분명한 목적이나 동기를 가지고 생각과 선택, 결심을 거쳐 의식적으로 행하는 인간의 의지적인 언행, 윤리적인 판단의 대상을 말한다. 인간은 교육을 통해서 목적을 가지고 행동하고 변화해 가는 것이며, 끊임없이 변화해 가는 삶 자체가 곧 성공이라는 이름으로 귀결된다. 그 성공이란, 바로 교육의 위대한 목적인 행동을 통해 실현된 너와 나, 그래서 우리 공동체가 더불어 만들어 가는 소소한 행복 요소들이다.

교육은 학교 교육만이 중요한 것이 아니다. 행동을 유발하고 변화시키는 데 영향을 주고받는 모든 것들이 교육이다. 따라서 가정에서 보고 듣고 배우는 것, 주변 사람들의 말과 행동, 책 읽기, 대중매체나 소셜미디어 활용, 누군가와 대화하기, 지식 검색하기, 공식·비공식 만남 등등이 총체적 교육의 틀 안에 있다. 교육을 시험과 경쟁으로 연관시켜서 생각하니까, 교육이 시험용 교과과정에만 매몰되고 만다. 또한 교육이 무한경쟁을 조장하는 것으로 매도되고, 학교 울타리 안에만 존재하여 점수만 매기는 나약한 존재로 왜곡되어 버린다.

어디에서, 무엇을 교육받을 것인가? 공부에는 때와 장소가 별도로 있는 것이 아니다. 요즘 인터넷이 대세이다. 비근한 예로 미국의 한 소녀는 암에 걸린 가족을 돌보기 위해 10대 초반의 어린 나이에 인터넷 검색을 통해서 수백 건의 관련 논문을 독파하는 등 스스로 독학하여 전문가 수준을 능가하는 지식을 습득하고 있다. 그 지식을 바탕으로 혁신적인 진단 키트를 개발하여 '인류의 건강한 삶 실현'이라는 원대한 목표를 당당하게 행동으로 옮기고 있다. 또한 세계의 내로라하는 석학들은 자신들의 논문과 강의를 거의 무료로 인터넷 공간에 소개하면서 지식 전도사가 되기를 자청하고 있다. 유형·무형의 모든 장소와 시간, 그리고 내용물들이 바로 교육 자체이다.

미국의 성공한 동갑내기 사업가인 빌 게이츠와 스티브 잡스는 행동과 변화라고 하는 교육의 목적과 중요성을 일찍이 간파하고 있었다. 그들은 대학에 입학하고 나서 대학 교육만으로는 자신들이 바라는 목표를 달성하는 데 한계가 있다고 판단하고 미련 없이 학교를 중퇴하였다. 스티브 잡스는 토요일 아침마다 자동차 폐품처리장을 돌아다니며 폐기물을 분류하면서 공학 분야를 독학했다. 빌 게이츠도 13세 이른 나이부터 독학으로 컴퓨터 프로그래밍을 시작했다.

뛰어난 사업가 중의 대표 격인 이들은 다른 교육 방식을 통해서 풍부한 지식을 습득하여 행복이라고 하는 전 인류의 꿈을 구현코자 행동으로 실천하였다. 물론 이런 방식이 다 옳다거나 좋다는 말이 아니다. 다만 교육의 목적이 단순히 아는 것만으로 그치는 것이 아니고, 시험 잘 보기 위한 것은 더구나 아니고, 바로 의식적인 행동이라는 사실을 말하고자 하는 것이다. 또한 그 행동을 통해서 행복을 찾도록 안내하는 모든 형태가 교육이라는 사실을 강조하기 위해서 언급한 것에 불과하다.

진정 교육의 위대한 목적은 나의 비전과 꿈을 실현해 나가기 위한 행동이고, 나를 변화시키는 것이다. 이치가 이럴진대 시험공부에, 진학을 위해 정형화된 지식 외우기에만 목표를 두고, 훨씬 더 소중한 교육의 가치들을 버려서야 되겠는가? 인생 전반전 30년이 너무나 헛되이 낭비되고, 그로 인한 피해는 헤아릴 수 없을 정도로 막심하다. 세상이 말하는 성적, 합격, 좋은 학교, 좋은 직장, 출세라는 하위 요소들은 내 인생을 완성하고 삶의 가치를 실현하는 데 필요한, 많은 변수 중에 작은 부분에 불과하다.

교육의 위대한 목적이 행동이라는 사실을 알게 되면, 알면 알수록 나의 행동과 변화, 그로 인한 매일 매일의 새로운 나의 변신, 그 결과로 매일 매일 성공적인 삶이 실행되고, 그러한 성공적인 일상의 축적들이 비로소 나의 행복이라는 자부심과 보람, 무한 긍지를 갖게 되는 것이다. 스스로 행동해서 얻은 후회 없는 삶이 가장 성공적인 행복한 삶의 전형이다. GOD의 한글 자판은 '행'이다. 신은 삼라만상을 운행하는데, 찰나조차도 멈추는 법이 없다. 행함이 없는 신은 존재하지 않는다. 하물며 인간은 어떠하리?

내마음의 여행

인간의 삶이란 여행을 하고 있는 나그네 인생, 과거를 뒤로하고
내가 정한 나의 길을 설렘으로 떠나다.

제 3 장

긍정 마인드의 힘

- 심리의 선순환과 악순환
- 긍정과 부정 마인드
- 긍정의 힘이 나를 바꾸다

제3장 긍정 마인드의 힘

■ 심리의 선순환과 악순환

대개 사람들은 위기에 닥치거나 난관에 봉착할 때면 본능적으로 문제를 내부에서 찾기보다는 외부에서 찾으려고 애쓴다. 하지만, 문제는 대부분 내부 요인으로 발생하는 경우가 많다. 또한 문제의 본질을 파헤치는 데 시간을 집중할 생각은 하지 않고, 변명거리를 찾는 데 지나치게 힘을 소모한다. 그러한 외부 환경 탓이나 변명거리는 문제 해결에 전혀 도움이 되지 않는다.

문제의 본질을 외면하고 변명이나 환경으로 탓을 돌리는 것은 자기 합리화에 불과하다. 일시적으로 모면하기 위한 임시변통은 될지 모르지만, 근본적인 해결책은 될 수가 없다. 문제는 여전히 남아 있고, 결과에 대한 책임에 대해서 변명 따위가 해결해 줄 리 만무하다. 아무리 거미줄을 없애 본들 거미를 잡지 않고서는 백약이 무효하다. 문제의 본질인 거미를 잡아야 비로소 문제가 해결될 수 있다.

성공하는 사람과 실패하는 사람은 아주 대비되는 특성을 지니고 있다. 성공한 사람은 불행 요소나 문제가 발생하면 먼저 거울을 본다. 이것은 문제 해결을 내 안에서 찾는 것이다. 내가 해결할 수 있는 문제라면 거기에 전념하여 끝장을 보고, 만약 내가 해결할 수 없는 상황이라면 더 이상의 고민을 끝내고 할 수 있는 대안을 찾는 일에 집중한다. 고민한다고 해결되는 문제가 아니라면 고민마저도 시간 낭비로 생각한다.

성공한 사람은 위기 상황이나 불행한 환경을 굳이 외면하려 들지 않고 자기 것으로 소화해서 더 큰 동기로 가치를 역전시킨다. 내가 주체가 되어 사고하고 불리한 환경이나 상황도 온전히 내게 유리한 것으로 만들어 위기를 기회로 바꾸니, 선순환의 성공 방정식이 술술 풀리면서 더 큰 만족과 행복을 일구어낸다.

반면에 실패한 사람은 불행 요소나 문제가 발생했을 때 먼저 창문 밖을 집착한다. 즉, 실패 요인을 밖에서 찾고자 혈안이다. 또한 실패 원인을 내 잘못이 아니고 주변을 에워싸고 있는 불행한 환경이나 위기 탓으로 떠넘겨 버린다. 실패의 원인을 끝까지 자기 탓이 아닌 다른 곳에서 찾고 있으니, 자신이 뭘 잘못했는지조차 인정하려 들지 않고 반성하는 법이 없다. 이처럼 스스로 환경을 극복해서 이겨낼 생각은 하지 않고 체념하고 좌절하고 절망에 빠진 결과로 파멸이라는 악순환의 고리를 끊지를 못하고 환경의 노예가 되어 인생을 망치고 만다.

행복과 불행, 고난과 역경은 정도의 차이는 있을지언정 세상사 변수로 누구에게나 있는데도 유독 자신에게만 있는 것으로 비관하여 더 큰 불행의 희생양이 되고 만다. 불평과 불만으로 책임을 전가하여 자기위안 삼으려 하지만, 스스로 위로 후에 남는 것은 여전히 존재하는 실패한 자신의 자화상뿐이다. 이처럼 불행의 악순환에 빠지게 되면 더 큰 불행이 기다리고 있을 뿐이다.

■ 긍정과 부정 마인드

미국의 저명한 심리학자인 마틴 셀리그만(Martin Seligman)은 전공 학문을 연구하면서 많은 고민과 회의에 봉착하게 된다. "왜 심리학은 극히 소수에 해당하는 정신적으로 아프고 병든 사람에 대해서만 집착하고 연구되고 있는가? 인류 전체를 위해 도움을 주는 그런 실사구시(實事求是)의 심리학은 없는 것인가?" 이런 고민 끝에 나온 학문이 바로 긍정 심리학이다.

인간은 보편적으로 사물을 대함에 있어 긍정과 부정 마인드를 함께 지니고 있으면서, 상황에 따라 부정 마인드를 쓸 때도, 긍정 마인드를 사용할 때도 있다. 특히, 긍정 심리학은 부정보다는 긍정, 약점보다는 강점, 단점보다는 장점, 불행보다는 행운, 좌절보다는 도전, 걱정보다는 희망, 실패보다는 성공에 더 강한 마인드 컨트롤을 통해서 좋은 결과를 만들어야 한다는 주장과 맥을 같이 한다.

일례로, 작고한 수녀님들의 일기장을 살펴보니 즐겁고 긍정적인 마인드로 충만한 삶을 산 분들이 상대적으로 수명이 더 길었다고 한다. 또 다른 예이지만, 아이비리그 학교에서 입학식 단체 사진을 찍었는데 밝게 웃는 모습을 한 학생들이 졸업 후에 더 높은 보수를 받는 직장에 취업했다거나, 직장 사기 조사에서 긍정 마인드로 무장한 조직의 성과가 훨씬 좋게 나온 사례들을 보더라도 상황이 어떠하든지 가능한 한 긍정 마인드로 대응할 때 더 바람직한 효과를 얻고 있음을 알 수가 있다.

플라시보 효과(Placebo Effect)라는 말을 흔히 듣는다. 플라시보란 '기쁨을 주다'라는 라틴어에서 유래되었는데, 의사가 효과 없는 가짜 약을 환자에게 제안했음에도 불구하고, 환자의 심리적 요인인 긍정적 믿음으로 인해 병세가 호전되는 현상을 말한다. 즉, 플라시보 효과란 긍정적인 생각을 하면 긍정적인 결과를 낳는다는 뜻이다. 이와 반대인 노시보 효과(Nocebo effect)는 부정적인 생각을 하면 부정적인 결과를 낳는다는 말이다. 또한, 억지로 웃는 웃음조차도 심리적 안정에 큰 도움을 준다고 한다. 그리고 '웃는 얼굴에 침 못 뱉는다'는 속담이 있다. 사소해 보이는 웃음조차 긍정적인 효과를 가져다준다는 말이다.

덧붙이면, 마인드는 심리이므로 마음먹기에 달려 있고 얼마든지 교정도 가능하다는 것이다. 누구나 장점과 단점 요인을 가지고 태어나는데, 대개는 자신의 단점 요인을 개선하는 데 지나칠 정도로 시간을 할애하면서도 장점 요인은 좋은 강점이니까 별로 신경을 쓰지 않는다. 문제는 약점을 개선하는 데에는 시간도 많이 소요될뿐더러 기대한 효과를 얻기가 매우 어렵다는 데 있다.

그래서 이러한 환경적인 개선을 위해 다음과 같이 역제안할 수 있다. 약점을 개선코자 무지 애를 쓰는 시간에 차라리 장점을 더욱 강화하도록 시도하라. 약점의 개선보다는 장점의 강화가 훨씬 쉽고 효과도 빠르다. 그렇게 장점이 커지면 상대적으로 약점이 작게 보여 힘을 못 쓰게 된다. 장점과 단점의 합 100 중에 장점 비율이 60이고 단점 비율이 40인 사람이, 장점을 80으로 강화하면 자연스럽게 단점은 20으로 비율이 줄게 되고, 이로 인해 단점의 비율이 낮아져서 장점이 단점을 충분히 보완할 수 있다는 것이다. 강점, 장점 그리고 좋은 점을 강화하려고 노력하다 보면, 약점, 단점 그리고 나쁜 점은 결과에 큰 영향력을 미치지 못한다. 물론 가끔은 약점이나 단점도 약이 될 수도 있다. 새옹지마!

■ 긍정의 힘이 나를 바꾸다.

필자는 젊은 시절 긍정의 힘 덕을 많이 받았다. 내가 입사할 때 대우그룹 임원 분포를 보니 출신 대학이 어디든지 K고 출신은 성골, SKY대 출신은 진골일 정도로 학교 배경들이 정말로 화려했다. 임원

뿐이 아니고 간부들의 학교 배경도 오대양 육대주에 반해서인지 다른 그룹에 비해 특출했다. 그 상황을 상상해 보시라. 공대 출신도 아닌 인문계 출신인 나의 앞길이 오죽했겠는가? 입사하자마자 메가톤급 충격이 연이어서 나를 강타했다.

당시에는 우수 인재를 서로 영입하기 위해 대기업들은 전사적으로 인재 유치전에 사활을 걸었다. 특히 SKY 출신 선배들은 자기 학과의 능력 있는 후배들을 유치하기 위하여, 근무할 부서나 업무까지 미리 약속해 놓는 일이 흔치는 않았으나 실재했다. 세계 무대로 박차고 나아가기를 바라는 특급 인재들이 해외 업무나 해외 영업을 가장 선망하던 시절에, 격세지감이지만 여권 발급만 받아도 우쭐하던 그런 시절에 나한테까지 기회가 올 수 있을까?

배치 면접도 아직 끝난 것이 아닌데, 어떤 이유에서인지 그쪽 자리는 이미 다 차고 없다고 했다. 선후배 사이에 이미 내락이 되어 있었던 사실을 나만 모르고 있었다. 면접 대기 장소 밖에서는 먼저 입사한 출신학교 선배 직원들이 와서 후배들과 격의 없이 커피 타임을 즐기고 있었다. 외톨이 신세인 나는 커피 잔 들기도 쑥스러웠다. '아, 그렇구나.' 커피로 쓴맛(?)을 보면서 비로소 이해했다. 사실 인문계열 출신 합격자의 상당수는 그들만의 독무대였는데, 실제로 부러울 정도로 똑똑하고 어학 능력도 출중했다. 사느냐, 죽느냐 이것이 문제로다!

결론은, 나는 살아남았다. 더 이상 해외 영업이니 하는 희망고문 따위는, 공사하고 남아 버려야 하는 레미콘의 도움을 받아 콘크리트 타설로 흔적도 없이 묻어버렸다. 그리고는 당시 노사문제가 핫이슈로 급부상하던 시기라 일부러 공장 근무, 그것도 남들이 싫어하는 노사 파트를 지원하였다. 아무도 지원하지 않으니 당연히 배치될 수밖에 없었다. 분투 노력, '있는 힘을 다하여 노력한다'라는 말이다. 지금 생각해도 스스로 대견할 정도로 정말 최선을 다했다.

책임자가 되어서는 물론 조직이 한 것이지만, 회사를 한국 최고의 노사관계 우수기업 반열에 올려놓았고, 대한민국의 노사와 관련된 상이란 상은 다 받았다. 한국을 대표하는 노사 전문가라고 자칭, 타칭으로 인정도 받았고, 모범 사례 발표의 단골도 되어 봤다. 그 당시 같이 입사했던 천 명 가까운 동기 중에 몇 명이나 별을 달았을까? 아마 1%에 해당한다면 내가 바로 그중에 한 명이다. 지금 생각해 보면, 긍정적인 힘이 나를 살아남게 만든 것이다.

사실인즉, 월급쟁이 직장인의 주변은 부정적인 요인으로 가득 찰 수밖에 없다. 이에 대한 것도 생각하기 나름 아니던가. 그래, 여기서 포기하면 내 인생도 없다. 긍정이라는 정신줄 하나 붙들고 나를 변화시킨 결과 27년의 직장 생활을 아름답게 마칠 수 있었다. 긍정 심리학의 주창자는 '즐거운 삶, 만족스러운 삶, 의미 있는 삶은 바로 긍정의 힘이 주는 값진 보상의 결과물이다'라고 말한다.

긍정 하면 현대그룹 창업주인 정주영 회장님을 빼놓을 수 없다. "해봤어?" 임직원들에게 입버릇처럼 했다는 말이다. 권위만 내세우고 말로만 그런 것이 아니다. 스스로 실전에서 직접 보여 준 생생한 경험에서 나온 말이다. 저 유명한 서산 간척지의 물막이 공사 중에, 물살이 너무 세서 물막이 공사를 중단하게 될 위기에 처해 있었다. 사업 책임자는 전문가들까지 모두 동원하였으나 뚜렷한 해결책을 찾을 길이 없어, 막대한 비용을 추가로 투입하지 않고는 '불가능하다'는 결론을 회장께 보고하였다. "해봤어?" 그때도 나온 말씀이란다. 얼마 지나지 않아 스스로 폐유조선을 활용하여 진도 울돌목처럼 세찬 물길을 가로막고서 공사를 마무리 지었다.

전문가나 책임자가 모두 불가능하다고 했던 일을, 회장은 어떻게 가능한 것으로 바꿔 놓았을까? 바로 생각의 차이다. 대개는 불가능한 일이 존재하는 것이 아니라, 불가능할 것이라는 생각 자체가 일을 불가능한 것으로 만들어 버린다는 것이다. 결국 긍정의 힘을 이용하여 불가능할 것이라는 생각의 싹수를 기선 제압하고 이룩해낸 결과이다. 이렇듯 긍정의 힘은 불가능한 것처럼 보이는 것도 거뜬히 가능한 것으로 변화시켜 준다. 현대그룹 문화 속에서 '불가능하다'는 말은 여전히 금기어란다.

제 4 장

질적 시간 관리

- 왜, 시간 관리가 중요한가
- 질적 시간 관리의 필요성
- 시간이 갖는 네 가지 특성
- 양질의 시간 관리 비법

제4장 질적 시간 관리

■ 왜, 시간 관리가 중요한가?

사람은 생명 유지와 직결된 시간을 가지고 태어난다. 시간이 생과 사를 가름한다는 측면에서 시간만큼 소중한 무형자산도 없을 것이다. 그러함에도 건강 관리의 중요성에 대해서는 귀가 닳도록 듣고 있지만, 건강 관리 못지않게 중요한 시간 관리에 대해서는 비교적 신경을 덜 쓰는 것 같아 안타깝다.

시간은 형태가 없다는 이유로 잊기도 하고, 무시하기도 하고, 당연한 것으로 치부하기도 한다. 또한 사람들은 시간을 자기 권리로 부여받았음에도 불구하고 주인임을 망각하면서 살아간다. 그러면서 시간 타령을 하고, 시간 푸념을 해댄다. 흔히 듣는다. "시간만 줘봐. 그 정도는 나도 다 할 수 있어." 시간의 주인임에도 불구하고 남에게 시간을 구걸하거나 시간 탓으로 변명하려는 것이다.

오늘날 기업과 공공 부문에서 가장 중요시하는 것이 시간 관리(Time Management)이다. 시간 관리의 중요성은 개인에게도 마찬가지이다. 결론적으로 시간의 주인은 바로 나다. 따라서 내가 어떻게 시간을 관리하느냐에 따라 성과가 바뀌고, 운명도 변한다. 성공하는 사람들의 공통점은 시간의 소중함을 잘 알면서, 누구보다도 시간을 잘 관리하는 사람들이다.

일반적으로는 누구에게나 시간이 공평하게 주어진다고 얘기한다. 하지만, 시간에는 마법과도 같은 놀랄 만한 비밀이 숨어 있다. 즉, 시간은 양(길이)과 질(폭과 강도)로 구분되며, 질적인 변화로 얼마든지 그 양을 늘렸다 줄였다 하는 기적을 만들어 낼 수 있다는 것이다. 이것은 면적의 합을 생각하면, 충분히 이해가 갈 것이다.

시간 관리를 잘하는 사람들의 시간은 그 모양이 질적으로 강하고 폭도 크다. 현수교를 매달고 있는 튼튼한 쇠줄과도 같다. 시간 관리를 제대로 할 줄 모르는 사람들의 시간은 끊어질 듯 가늘기만 하다. 삐쩍 말라버린 오징어 다리가 연상된다. 기적 같은 일 아닌가? 흔히들 '젊은이의 일 년은 노년의 십 년과도 같다'라고 얘기한다. 바로 시간의 질과 관련된 진언이다. 질적 시간 관리를 통해서 얼마든지 시간의 양을 변화시킬 수 있다는 사실에 특히 주목해야 한다.

■ 질적 시간 관리의 필요성

스티븐 코비(Stephen Covey)는 《성공하는 사람들의 7가지 습관》에서 목표 달성을 위해서는 시간 관리가 중요함을 강조하고 있다. 그의 시간 관리의 핵심은 '우선순위에 따라 계획하고 실행하라'이다. 그는 시간 관리를 1세대부터 4세대까지 네 단계로 나누어서 설명하고 있는데, 양념을 다소 보태서 설명하면 대충 이렇다.

제1세대는 해야 할 일을 메모지에 기록하여 목록표를 이용하는 단계이다. 시간 관리라기보다는 잊지 않기 위해 메모지에 해야 할 일들을 기록해 놓은 정도의 수준이다. 천재 다빈치(Leonardo da Vinci)는 스스로 해야 할 일을 적어 놓은 노트를 항상 곁에 지니고 다녔다고 한다. 천재도 일 목록표를 작성해서 그 나름의 시간 관리를 하고 있었음을 알 수 있다.

제2세대는 일과 시간을 결합하는 단계이다. 언제까지 무슨 일을 마쳐야 할 것인지를 달력과 약속기록부에 일정과 일을 병행 표기하는 것이다. 대개 보통 사람들이 시간 관리를 하는 수준의 단계로서 시간의 질적 관리에 들어가는 초보 수준이다. 여기에는 "우선순위에 따라 계획하고 실행하라"라는 시간 관리의 핵심이 빠진 단계이다.

제3세대는 시간 관리에 우선순위 개념을 추가하고 목표 달성에 초점을 맞춘 시간의 질적 관리 단계이다. 이 단계에서는 일의 긴급성과 중요성을 기준으로 우선순위에 따라 시간을 주도적으로 관리 및 통제하는 수준에까지 이른다. 즉 시간 관리 3세대는 효율적인 질적 시간 관리로 들어가는 단계로서 성공을 바라는 사람들이 공통으로 실천하는 시간 관리의 모습이다.

성공하는 사람들의 3세대 시간 관리를 요약하면, 일의 중요성과 긴급성을 기준으로 시간 관리 매트릭스를 만든다. 첫째 상한에는 중요하면서 긴급한 일이다. 둘째 상한에는 중요하지만 긴급을 요하지 않는 일이다. 셋째 상한에는 중요하지는 않으나 꼭 해야 하는 일이다. 넷째 상한에는 중요하지도 않고 긴급하지도 않은 일을 각각 적어 둔다. 그리고 첫째 상한과 둘째 상한의 일들에는 시간의 양과 질을 집중한다. 셋째 상한의 일에는 최소한의 필요 시간만 할애한다. 넷째 상한의 일은 대부분이 시간 낭비 요소이므로 과감하게 없애거나 줄인다.

스티븐 코비는 추가로 4세대의 시간 관리를 강조하고 있는데, 이는 시간을 관리하는 것이 아니라 고차원으로 우리 자신을 관리한다는 의미이다. 즉, 대상과 시간에 초점을 맞추기보다 인간관계의 유지와 증진, 그리고 결과의 달성을 강조한다. 4세대가 비로소 성공하는 사람들의 시간 관리 정점이다.

시간의 질적 관리를 실천해야 하는 이유는 분명하다. 바로 시간의 낭비 요인을 줄이고, 생산적이고 목적이 있는 일에 시간을 집중시키기 위해서이다. 시간을 낭비함이 없이 질적 시간 관리를 통해서 하루하루를 알차게 생활한다면, 의미 있는 무언가를 이룰 수 있는 충분한 시간을 가지게 된다. 누구나 알고 있는데 행하지 않는 것이 문제이다. 효율적인 질적 시간 관리의 실천이 성공을 좌우한다는 사실을 명심하자.

■ 시간이 갖는 네 가지 특성

일반적으로 시간이 소중하다고 얘기하면서도 의외로 시간의 특성에 대해서는 잘 모른다. 질적 시간 관리, 즉 효율적 시간 관리를 위해서는 먼저 시간이 갖는 특성에 대해서 잘 알아야 한다. 시간에는 네 가지의 주요한 특성이 있다. 시간의 특성에 대해 다양한 생각들이 있겠으나, 순전히 필자의 실전 경험이다. 시간의 특성은 유한성, 비분리성, 이질성, 소멸성 등이 그것이다.

• 시간은 유한성이다.

'인간은 죽음이 두려워 종교를 만들었다'라고 주장하는 종교학자나 철학자들도 많이 보았다. 진시황은 영생을 얻기 위해 존재하지도 않는 불로초를 백방으로 찾았으나, 끝내 병으로 죽고 만다. 죽음은 시간과 나와의 단절, 즉 나의 시간의 끝맺음을 의미한다. 인간이 가장 두려워하는 것은 시간의 종말이 아닐까? 누군가는 죽음이 두렵지 않다고 항변하지만, 죽음이 너무나 두렵고 무섭다는 반어적 표현에 불과하다. 암튼 생을 살면서 가장 큰 두려움이 죽음이라는 사실에는 이론이 없을 듯하다. 죽음이란, 나와 함께 해온 시간과 이별하는 것이기에 시간은 유한한 것이다.

우물물이 차고 넘칠 때는 물의 소중함을 모른다. 하지만 물 한 모금 구할 수 없는 황량한 사막 한가운데 서 있다면, 물이 바로 생명임을 깨닫게 될 것이다. 머리숱이 많을 때는 머리카락 몇 개 빠지는 것쯤이야 전혀 신경을 쓰지 않는다. 그런데 머리숱이 적어지고 대머리로 진행한다고 치면, 흰머리든 검은 머리든 한 올 한 올 끔찍하게 소중히 여긴다. 지하철 안에서 행여 머리카락 하나라도 빠질까 두려워 신줏단지 모시듯 머리카락에 신경 쓰는 중년의 대머리 신사 양반! 젊은 날에도 그렇게 머리카락 관리에 신경을 쓰셨을까? 앞에 드러난 흰 머리카락 보기 싫다고 일부러 뽑아 버리진 않았을까! 바로 시간도 그런 것이다. 있을 때 잘 (관리)해!

시험을 보는 학생에게 주어진 시간은 유한하다. 그렇기에 초조와 긴장 속에 문제 풀이에 집중한다. 1분 1초라도 헛되이 보내지 않는다. 모든 기억을 짜내서 맞는 답을 찾아내기 위해 에너지를 전부 쏟아붓는다. 잡념이 끼어들 틈이 없다. 주어진 시간이 종료되면 그것으로 시험은 끝이다. 시험만 그런가? 세상사 모든 것이 마냥 풍족할 것 같지만 머지않아 고갈되는 것이 자연의 이치다. 시간만큼 남아 있을 때 소중히 관리해야 할 것도 그리 많지 않다.

• 시간은 비분리성이다.

시간과 사람은 분리할 수 없는 한 몸이다. 시간과 공간을 분리해서 생각할 수 없는 것처럼 사람과 시간도 분리해서 생각할 수 없다. 실가는 데 바늘 가듯이 인간이라는 존재는 시간에 기대어 생명을 유지한다. 인간은 손, 발, 두뇌 등 지체들을 이용해서 생각하고 행동하고 삶을 영위하는데, 그 삶을 가능하게 하는 필요충분조건이 바로 시간이다.

시간의 비분리성에서 알 수 있듯이, 시간 관리는 자기 관리와 일맥상통한다. 주어진 시간 속에서 성과물을 만드는 일이나 시간을 어떻게 활용하느냐 하는 것은 전적으로 나의 몫이고 나의 책임이다. 따라서 시간의 질을 강화하는 데 노력을 배가해야 할 책임 또한 나에게 주어져 있다. 그것이 바로 질적이고 효율적인 시간 관리를 실천하는 것이고, 적극적으로 나를 관리하는 것이다.

• 시간은 이질성이다.

시간은 사용하는 사람의 관리 정도에 따라 그 질이 각기 다르다. 누구에게나 양적으로 하루 24시간이 주어진다. 흔히들 누구에게나 24시간은 똑같다고 생각하는데 천부당만부당하다. 지금과 똑같은 시간은 내일 다시 오지 않는다. 물질이 변하듯 시간도 변한다. 똑같은 시간은 영원히 존재하지 않는다. 나의 20대의 시간과 현재 60대의 시간이 다른 것은 너무나도 당연하다.

사람과의 비교에서도 시간의 이질성을 확인할 수 있다. 똑같은 24시간을 이용해서, 어떤 이는 책을 두 권 읽고, 다른 이는 책을 한 권 읽는다. 어떤 이는 벽돌을 100장 쌓는데, 다른 이는 벽돌을 50장밖에 쌓지 않는다. 어떤 이는 게으르지만, 다른 이는 부지런하다. 어떤 이는 생각에 시간을 사용하지만, 다른 이는 쾌락에 시간을 낭비한다. 어떤 이는 집중하지만, 다른 이는 산만하다.

단 하루의 시간 사용만 보아도 시간의 질이 너무 다르고 결과는 천양지차다. 하루 24시간의 차이가 이렇게 다른 결과를 낳는데 10년, 20년이 지나면 얼마나 큰 차이가 나겠는가? 시간의 질을 얼마나 효율적으로 잘 관리하느냐, 못하느냐가 나의 운명을 좌우한다.

• 시간은 소멸성이다.

유한성과 비슷한 것 같지만 다른 의미이다. 유한하다는 의미는 끝이 있다는 것이다. 반면에 소멸성은 시작과 끝의 연결선상 사이에서 끊임없이 발생한다. 소멸성은 사용하지 않으면 없어진다는 뜻이다. 시간은 한 번 지나가면 다시는 돌아오지 않고 소멸된다. 흔히들 시간을 낭비한다고 한다. 시간을 헛되고 헤프게 흘려 보내버린다는 말이다. 시간이 소중하다고 얘기하면서도, 여전히 소멸하여 사라지고 있는 아까운 시간을 그냥 흘려보내고 만다.

시간은 껐다 켰다 하는 잠금장치가 없어서 자동으로 계속 흐르게 되어 있다. 모래시계를 보라. 시간이 쉼 없이 사라지는 것을 볼 수 있다. 시간은 어차피 안 쓰면 소멸하는 것이고 재고가 안 되는 것이라면, 뭔가를 이루기 위해서 시간을 최대한 선용해야 한다. 시간을 의미 있게 사용하는 것이, 바로 시간의 소멸성 문제를 해결하는 유일한 길이다. 생산적인 시간과 비생산적인 시간, 필요한 시간과 불필요한 시간, 성과에 보탬이 되는 시간과 손해를 초래한 시간, 시간 관리에도 나름의 수학적 사칙연산이 필요할 것 같다.

■ 양질의 시간 관리 비법

양질의 시간을 관리하기 위해서는 먼저 '습관화'가 중요하다. 습관은 반복 또 반복으로 이루어진 극히 작은 행위들의 총합이다. 습관은 한 번 형성되면 무의식적 동인으로 계속 반복된다. 그래서 좋은 행동을 통해서 좋은 습관을 갖도록 노력해야 한다. 좋은 습관을 만들기 위해서는 어떻게 시작하느냐가 중요하다. 힘들고 무리가 따르거나 과한 것이 아닌 사소한 것, 쉽게 행할 수 있는 작고 적은 것부터 재미를 붙여 집중하고 반복하다 보면 나도 모르는 사이에 좋은 습관의 열매가 만들어진다.

시골 출신이라면 처마 밑에 있는 돌덩이가 오목하게 파여 있는 것을 본 경험이 있을 것이다. 처마 밑 낙숫물로 인해 마당이 패지 않도록 물 떨어지는 곳에 위치시킨 돌말이다. 해를 거듭하고 나면 기적과도 같은 일이 벌어진다. 약한 성질의 액체인 물이 강한 성질의 고체인 바위를 뚫는다. 바로 힘의 세기가 아닌 반복의 기적이다.

꾸준한 반복된 노력으로 시간 관리의 좋은 습관을 갖추는 것, 이미 성과를 확신해도 틀림이 없다. 양질의 시간 관리를 실천하는 좋은 습관을 몸으로 체화하게 되면, 비로소 바라는 것을 이루기 위해 내 의지로 시간을 사용할 수 있는 온전한 시간의 주인이 되는 것이다.

또한 시간은 '지금'이 유일하다. 어제는 이미 사라져 버린 시간의 흔적이고, 내일은 있다고 아무도 장담할 수 없는 미지의 영역이다. 그래서 시간은 과거도, 미래도 아닌 지금의 연속일 뿐이다. 그러함에도 사람들은 과거의 향수에 취해 지금을 헛되이 보내버리고, 지금을 등한시하면서 내일을 기대한다. 염치없을 뿐만 아니라, 모순이 아닐 수 없다. 톨스토이(Leo Tolstoy)는 '이 세상에서 가장 소중한 시간은 언제입니까'라는 질문에 '바로 지금이다'라고 답했다. 지금을 아는 당신, 이미 양질의 시간 관리를 하고 있는 것이다.

시간 관리 잘하는 사람을 '본받는 것'도 중요하다. 역사를 빛낸 위인들은 한결같이 시간을 잘 관리한 분들이다. 대표적으로 시간 관리하면 바로 대철학자 칸트(Immanuel Kant)가 떠오른다. 그는 단 한 번의 예외도 없이 매일 같은 시간에 교정을 산책했다고 한다. 얼마나 시간 관리를 철저히 했으면, 마을 주민들이 칸트를 보고 시간을 확인했을까. 칸트는 어린 시절부터 선천적으로 심장 질환과 호흡기 장애를 앓았기 때문에, 그의 부모는 그가 규칙적인 생활을 할 수 있도록 세심한 주의를 기울였다고 한다. 칸트는 부모님 덕분에 자신의 신체적인 약점을 시간 관리를 통해서 극복할 수 있었고, 어릴 적부터 몸에 익힌 질적인 시간 관리 습관이 성인이 되어서는 위대한 학문적 업적을 이루는 데 소중한 자산이 된 것이다. 칸트가 대철학자가 된 것은 여러 뛰어난 요소가 있었겠지만, 질적인 시간 관리가 큰 역할을 했다는 사실을 간과할 수 없다.

필자가 시간에 관해서 글을 쓰고 있자니, 영원한 자유인 '그리스인 조르바'가 시간에 대하여 소중한 당부의 글을 보내왔다. "새 길을 닦으려면 새 계획을 세워야 한다. 나는 어제 일어난 일을 생각 안 한다. 내일 일어날 일을 자문하지도 않는다. 내게 중요한 것은 오늘, 이 순간 일어나고 있는 일이다."

나들이1

옛적 추억 속 영상에 어여쁜 여인들과 아이들이 곱디고운 한복을 차려 입고 아름다운 자태를 마음껏 뽐내고 있다.

제 5 장

궁즉변, 변즉통

- 세상만사, 마음먹기에 달렸다
- 뜻이 있는 곳에 길이 있다
- 궁하면, 통한다

제5장 궁즉변, 변즉통

■ 세상만사, 마음먹기에 달렸다.

예나 지금이나 대한민국 젊은이들은 반드시 군에 입대하여 국방의 의무를 준수하는 것을 당연한 도리로 생각하고 있다. 그런데, 극히 일부이지만 군대 가는 것이 손해라고 생각하는 젊은이도 없지는 않은 것 같다. 아마도 군 생활을 시간 낭비라고 생각하는 것 같고, 두뇌 활성화가 활발한 시기를 일시 놓치게 되니 기회 손실이 크다는 이유에서일 것이다.

지금의 군 복무기간은 약 18개월 정도 될 것인데, 그마저도 다양한 종류의 휴가 기간을 제하면 많아야 16~7개월 정도가 되지 않을까 싶다. 30여 년 전만 해도 휴가도 별로 없으면서 거의 3년 가까이 군 복무를 한 시절도 있었다. 물론 군대 급여나 복지, 복무 분위기나 환경은 지금과는 비교할 수 없을 정도로 열악했다.

필자가 강조하고자 하는 것은 복무기간 36개월, 18개월이 중요한 것이 아니라는 사실이다. 세상만사, 마음먹기에 달렸다. 어떠한 마음가짐과 각오로 군대 생활을 하느냐에 따라 1년이 한 달 같기도 하고,

한 달이 1년 같기도 하다. 이왕 군대에 갔으면, 나름 보람을 찾고 뭔가를 얻어서 나와야 하지 않겠는가?

필자에게 군대 생활은 참으로 소중했다. 군 복무 본연의 역할에 충실하면서 체력을 강하게 키우고 은근과 끈기를 배웠다. 떨어져 있으니 비로소 보이는 것들에 대해 감사할 줄 아는 사색과 여유의 시간도 가졌다. 처음 경험한 조직 문화 속에서 배려와 존중의 인간관계를 배우고 위계질서 등 사회성을 터득하였다.

또한 군대 생활 동안에 개인적 환경과 상황이 서로 다른 동료들과 몸을 부대껴 가면서, "제대 후 무엇을 위해 어떻게 살아야 하는지, 목표로 삼아야 할 미래의 모습은 무엇인지, 비전과 꿈은 무엇이고 왜 그런지" 등에 대해 의견도 나누고 고민도 하면서 소중한 결론을 얻을 수 있었다. 허물을 벗은 나비가 하늘 높이 비상하듯이, 과거를 벗어 던져 버린 새로운 나는 세상을 향해 도전할 만반의 준비를 마쳤다. 군대 복무 덕분에 세상을 향해 변화된 나를 거침없이 소리칠 수 있었다.

■ 뜻이 있는 곳에 길이 있다.

필자가 직장을 은퇴하고 기업의 경영컨설팅 업무를 수행하면서 일어난 일이다. 컨설팅을 맡은 회사에 소송 건이 있었는데, 회사가 1심에서 패소하고 말았다. 만약 그대로 판결이 확정된다면, 회사의 장래에 큰 위기 요인이 될 것이 자명했다. 당시 나는 그 회사에서 소송과는 별개인 다른 컨설팅 과제를 성공적으로 수행하고 있었다.

그런데, 사장님이 나를 불렀다. 그분은 1심 소송이 거의 끝나갈 무렵에 새로 부임하셔서, 소송에 직접 간여할 기회가 없었다. 그분은 소송 대응에 문제가 있었다고 판단하고, 나에게 소송과 관련하여 몇 가지 질문을 던졌다. "이 재판이 질 수밖에 없는 사안인가?" "왜, 졌다고 생각하는가?" "어떻게 하면 이길 수 있는가?" 검토할 시간이 필요하다고 하고서 자리에서 물러 나왔다.

나는 이 질문에 대한 문제를 파악하고 나서 짧게 핵심을 추려 보고했다. 첫째, 소송사건에 대해서 치열하게 준비하지 못했다. 둘째, 사건에 대한 사실관계조차도 정확한 입증이 부족했다. 셋째, 변호사한테만 지나치게 모든 것을 의지했다. 넷째, 회사가 사안의 중요성이나 심각성을 공유하지 않았고, 담당 부서의 일 정도로 치부했다. 결론은 반드시 이겨야 했고, 이길 수 있는 소송이다.

이에 대한 보고서를 부연하면, 상대방은 없는 사실까지도 다 끌어모아서 100여 개 이상 되는 증거 목록을 제출했는데, 회사는 고작 10개 남짓 되는 거의 상식적인 수준의 증거들만을 제시했다. 상대의 진술 중에는 실제 회사에서 일어났던 사실관계와 어긋난 내용도 들어 있었으나, 사실관계를 충분히 소명하지도 못했다. 유능한 변호사이니 확실한 법의 논리로 이겨 줄 것이라고 믿고 변호사한테만 모든 것을 일임하고, 회사는 소송 과정에 별로 관심을 보이지 않았다. 회사의 임직원들은 판결 이전은 물론이거니와 이후에도 심각성을 제대로 느끼지 못했다. 패소가 확정되면 회사에 막대한 피해를 입힐 것이 불 보듯 뻔하고, 회사 생존에도 중대한 악영향을 미칠 수 있는 사안이었다.

사실인즉, 민사 소송이란 서로가 옳다고 주장하는 상대가 있는 소송의 특성상 아무리 유능한 변호사라 할지라도 당사자가 알려주는 사실관계와 관련된 증거 범위 안에서 대응할 수밖에 없는 한계가 있다. 그렇기에 귀찮다 할 정도로 변호사를 만나야 하며, 판단은 변호사 몫이니까 '이건 아니겠지'라고 예단하지 말고 소소한 증거물이라도 가감 없이 제공해야 한다.

며칠 지나서 사장이 또다시 나를 불렀다. 그 자리에는 관리 본부장도 합석했다. 마침 본부장도 관련 업무를 새로 담당한 지 얼마 안 되어, 두 사람 모두 소송 진행 과정에 깊이 관여할 처지가 못 되었다. 사장님 왈, "회사가 이 지경으로 대처했다니 견딜 수 없다. 무조건 이겨야 하는 소송에서 졌다고 생각하니 더더욱 참을 수 없다. 어떠한 결과가 나오더라도 내가 전적으로 책임을 지겠으니, 변호사 선임 없이 본부장과 컨설턴트가 맡아서 2심을 진행하라."

다시 강조하셨다. "결과에 대한 모든 책임은 다 내가 진다. 다만, 후회나 아쉬움이 없도록 최선을 다해라." 사장의 결심이 하도 확고하고 단호해서 숨소리조차 내지 못한 채 자리에서 물러 나왔다. 지금 생각해도 극히 위험한 결단인데, 참 대단하셨다. 변호사 없이 지기라도 하면? 한국적 토양에서는 자리가 열 개라도 감당할 수 없는 노릇이다.

"후회나 아쉬움이 없도록 최선을 다해라." 참 무서운 말이었다. 눈꺼풀의 무게가 세상에서 가장 무겁다고 하더니만, 나는 이 말이 내포하고 있는 책임이 훨씬 더 무겁다는 사실을 직감할 수 있었다. 그래, 뜻이 있는 곳에는 반드시 길이 있다고 했다. 하늘이 무너져도 솟아날 구멍이 분명 존재한다고도 했다. 솔직히 다들 어려울 것이라고 반신반의하니, 오히려 의욕이 백배로 치솟고, 의지가 탱천했다. 마침내 도전할 가치를 찾은 것이다.

■ 궁하면, 통한다.

필자는 경영 컨설팅 업무야 자신 있는 분야였지만, 법에 대해서는 상식 수준 정도에 불과했다. 대표이사 대리로 소송을 책임진 본부장도 요직을 두루 거친 아주 유능한 분이긴 한데, 그분 또한 전공이나 직무가 법과는 다소 거리가 있었다. 그래도 어쩌랴? 사장이 모든 책임과 직을 걸다시피 하고 맡긴 일이 아닌가?

실제로 사장은 이번 소송 건이 법조문에 의존하기보다는 사실관계가 중요하기 때문에, 변호사 의뢰보다는 사실을 가장 잘 알고 있는 회사가 직접 하는 것이 유리하겠다는 확고한 믿음을 갖고 있었다. 이제부터는 말이 아니고, 행동과 결과로만 답해야 한다. 무식이 용감하다고, 우리 두 사람은 근거 없는 자신감을 가득 충전하고 촌각을 다투면서 2심 소송에 모든 것을 걸었다.

"궁즉통!" 본부장과 내가 약속이나 한 듯이 동시에 내뱉은 말이다. 생애 한 부분의 짜릿하고 아름다운 역사는 그렇게 시작되었다. 궁즉변, 변즉통(窮卽變, 變卽通)이라. '최선을 다해 노력하면 변화가 생기고, 그 변화로 인해 비로소 길이 뚫린다'는 옛 선현의 말씀이시다. 우리 두 사람은 끝장을 보자고 맹세했다. 본부장도 사장처럼 모든 직을 걸고 임하겠다고 결연하게 다짐했다. 후회도 남김없이, 아쉬움도 남김없이 오직 승소만을 위하여!

1+1이 2가 아닐 수 있음을 깨달았다. 함께하니 결과물은 나날이 곱으로 배가되었다. 얼굴까지 붉혀 가며 치열한 토론과 논쟁으로 밤 새는 줄 모를 때도 많았다. 감히 아쉬움 없이, 후회 없이 최선을 다했노라고 자부한다. 임직원, 노동조합, 퇴직 사우와 가족들까지 나서서 진술서와 진정서로 격려 화답하고, 전임직원이 동참하여 증거가 될 만한 물증과 아이디어를 자발적으로 제시해 주었다. 나중에 확인해 보니 준비서면으로 책을 펴낼 만큼 양과 질이 풍성했다. 모두의 노력

덕분에 결정적인 증거를 포함해서 증거 목록을 150여 개 정도 찾아낼 수 있었다.

소송을 대리한 본부장은 변론기일마다 법정에 출석할 때는, 회사의 절박한 상황을 호소라도 하듯이 외모와 행동에도 무척 신경을 쓰고 비장함이 느껴지는 목소리까지 더해서, 마치 마지막 결전을 위해 전장에 나가는 장수가 따로 없었다. 차수를 거듭할수록 거짓이 아닌 참이 법정 분위기를 휘감아 돌더니 마침내 재판장에게 접수가 되었다.

브라보! 하늘이 무너져도 솟아날 구멍이 있다! 회사가 마침내 1심 패소를 뒤집고, 2심에서 승소하였다. 나중에는 대법원 확심으로 사건이 종결되었다. 유능한 변호사도 하지 못한 일을 법도 잘 모르는 두 철부지(?)가 마침내 해냈다. 무식이 용감하다고? 결코 아니다. 법이 정의라는 사실을 믿었기에, 이길 수 있다는 확신이 있었기에, 이기고 말겠다는 의지가 있었기에, 궁하면 통한다는 진실을 믿었기에 해낸 것이다.

회사는 미래의 불안 요소를 걷어 내고 지속 발전의 토대를 굳건히 다지는 계기로 삼았다. 사장은 예상을 뛰어넘는 두둑한 성과금으로 보상해 주셨다. 27년 직장 생활에서 숱한 성과를 내 보았지만, 이렇게 많은 성과급을 받은 것은 인생 최초이자 마지막이었다. 무엇보다도 본부장과 나는 돈으로 환산할 수 없는 자부심과 긍지를 맛보았다. 특히 개인적인 만족이나 보상 차원을 넘어, 정의가 통용되는 사회를 조성하는 데 작게나마 일조했다는 자부심으로 그날 이후 나의 어깨 높이는 한 뼘(?) 이상이나 뽕이 들어갔다. 물론 본부장의 어깨 뽕은 나보다 두세 배는 높아 보였다.

세상사 마음먹기에 달렸다. 뜻이 있는 곳에 반드시 길이 있다. 하늘이 무너져도 솟아날 구멍이 있다. 궁하면, 통한다. "해 봤어?" "예, 직접 경험해 봤습니다." 정말 지당한 말씀이다.

제 6 장

생각 운동과 두뇌 건강

- 생각 운동과 치매
- 아이한테 배우는 치매 예방법
- 기억 메커니즘 이해하기
- 기억장치를 활성화하라

제6장 생각 운동과 두뇌 건강

■ 생각 운동과 치매

인간의 수명이 늘어나면서 치매에 관한 관심이 부쩍 늘고 있다. 보통 한 세대를 구분하는 30여 년 이전의 인구통계 자료를 보면, 노인분들은 대부분 60대 중반부터는 집 밖 출입이 뜸해지다가 70대 중반쯤 지나서 사망하는 패턴을 보이고 있었다. 불과 30년밖에 되지 않았는데도, 지금 한국인 평균수명은 통계치로 83세에 이르렀다. 그러나 통계는 통계에 불과한 것이고, 이미 100세 시대가 된 것처럼 보험 광고부터 앞장서서 선전에 열을 올리고 있다.

그런데 실제로 70대 중반이 넘으면 시간은 쾌속으로 질주하면서 나도 모르게 거동이 불편해지고, 사는 것이 고통으로 느껴진다고 한다. 사실 불편한 몸을 이끌고 약과 병원에 의지해서 오래 살면 뭐 하나? 사지를 불편 없이 건강하게 유지하다가 9988－234(99세까지 88하게 살다가 2~3일 가족들과 작별 인사하고 편안하게 4망하는 것)로 사는 것이 중요하다. 9988은 못 되어도 사는 날까지 건강하게 사는 것이 가장 큰 소망 아니겠는가! Well－dying의 시대, 건강하게 오래 살려거든 희망사항으로 끝내지 말고 지금부터 몸 관리에 정말 신경

써야 한다.

노년에 있어서 가장 무서운 질병이 치매이고, 가장 큰 걱정거리 역시 치매이다. 과거에는 대부분 치매 걸리기 이전에 사망했기 때문에 치매 걱정을 덜 했으나, 요즘 수명이 늘다 보니 치매 환자는 매우 빠르게 늘어나는 추세이다. 이대로 가다가는 두 명 중 한 명이 치매를 앓다가 사망할 가능성이 크다는 우울한 전망들도 속속 나오고 있다. 치매로 인해 발생하는 안타까운 일들이 한둘이 아니다. 치매 당사자는 자신이 무슨 언행을 하는지 전혀 모르니까, '치매 기간이 생애 가장 행복하다'고 누군가는 농담으로 쓴웃음을 짓게 하기도 했지만, 막상 보호해야 할 가족들의 경제적, 시간적, 정신적인 고통과 고민은 말로 헤아릴 수 없이 많다.

치매 환자 곁에는 보호자가 반드시 있어야 한다. 그러나 요즘 맞벌이 가정이 대부분이고, 자녀도 고작 하나 아니면 둘인 가족관계에서 치매를 앓고 있는 부모를 직접 부양한다는 것은 여간해서 쉬운 일이 아니다. 다행히 정부에서도 치매를 전 국민의 보편적 문제로 인식하고 치매와 관련하여 많은 재정을 투입하고, 효과적인 정책들을 실천하고 있다고 하니 그나마 다행이다. 그런 곳에 세금을 쓰는 일이라면 얼마든지 더 낼 용의가 있다.

보통 자녀들은 독립해서 분가하고 부부 단둘이 남는 것이 일반적인 노년 부부의 가정 모습이다. 두 명 중 한 명이 치매를 앓다가 죽는다는 예상 전망치를 보면, 바로 남의 일이 아닌 나의 문제라고 생각하니 눈앞이 캄캄하다. 그래도 천만다행인 것은, 지금은 발등에 불이 떨어지기 직전이다. 떨어지려는 불을 그냥 놔두고 보고만 있으면 몸 전체까지 다 타버릴 것이다. 바로 지금, 발등의 불이 떨어지기 전에 예방법을 스스로 배우고 실천해야 할 때이다.

치매는 많은 복합적 요인들로 인해서 발생하지만, 기억과는 밀접한 연관관계를 가지고 있다. 치매에 걸리지 않고 장수한 사람들을 조사해 보니, 유전적 변수를 제외하고서 두 가지 종류의 운동을 열심히 한 분들이었다고 한다. 하나는 정신을 건강하게 지켜 주는 생각 운동이고, 다른 하나는 육체를 건강하게 유지해 주는 몸 운동이다.

생각 운동? 생각은 머릿속에 저장된 기억과 두뇌를 움직여야 가능하고, 또한 기억을 인출하게 되면 정신 에너지가 필요하기에 운동으로서 생각 운동이라 부른다. 컴퓨터로 오래 작업을 하다 보면 본체가 뜨거워지는 것을 알 수 있다. 바로 전기 에너지를 사용하니 열이 발생하는 것이다. 같은 이치로 한 가지 일에 집중하다 보면 조금 지나서 머리에 열이 나는 것을 느낄 수 있다. 바로 정신 에너지를 사용하여 기억을 인출하고 조작하는 생각 운동을 하고 있기 때문이다. 생각 운동의 원천인 기억의 구조를 알면 치매를 예방하는 방법도 어느 정도 알 수 있을 것으로 기대한다.

■ 아이한테 배우는 치매 예방법

매년 치매 환자의 수는 꾸준히 늘어나고 있다. 노인들의 치매 문제에 대해 걱정은 많이 하는데, 딱히 예방법이 없어서 그런지 의문이 든다. 사실은 정반대이다. 치매 예방법에 대해서는 전문가들이 대중매체 등을 통해서 알려 줄 만큼 충분히 알려줬다. 문제는 어느 것 하나 제대로 실행에 옮기지 않고 있다는 것이다. 그다지 크게 어려운 일도 아니고, 막상 치매가 발병하면 더 큰 어려움과 고통이 불을 보듯 뻔한데도 말이다. 당장 실행에 옮겨야 한다.

어느 순간부터인가 자기도 모르는 사이에, 기억장치의 주인인 나는 기억의 중심인 뇌에게 무엇을 해야 하는지, 어떤 것을 좋아해야 하는지 등에 관한, 평소에 해오던 지시를 끊어 버린다. 그때 기억장치인 뇌는 꿔다 놓은 보릿자루 신세가 되어 한동안 무기력한 상태로 방치된다. 기억장치인 뇌는 주인이 더 이상 신경을 쓰지 않는다는 것을 안 이후에는 종이 된 신분을 망각하고 제멋대로 작동과 오작동을 반복한다. 그래서 기억이 수시로 왔다 갔다 하는 것이다. 그러다가 일정한 시간이 경과하면, 기억장치는 망가져서 제 기능을 발휘도 못하고 다운되어, 급기야 치매로 전환되기까지 한다. 기억 메커니즘은 가만히 놔두면 기능이 떨어지기가 이백의 비류직하삼천척(飛流直下三千尺)이다.

필자는 치매를 예방하는 데 실행이 그리 어렵지 않은 치매 예방법을 생각해 냈다. 먼저 치매를 예방하기 위해서는 기억장치를 꾸준히 활성화시켜야 한다. 사람은 나이가 들면 어린아이가 된다는 말이 있다. 생각하는 것이나 움직이는 것들이 점점 어린아이 상태로 변해 간다. 그런데 여기서 주목해야 할 부분이 하나 있다. 뇌의 구조는 어린아이 때 가장 많이 활성화가 이루어진다. 그렇다면 어린아이를 닮아가는 노년기에도 충분히 두뇌 활성화가 가능하다는 사실이다.

그렇다면 답이 보인다. 치매 예방을 위해서는 어린아이처럼 사고하고 행동하면 된다. 어린아이는 주변에 있는 사소한 것들에도 호기심을 가지고 알고자 애쓴다. 또한 어린아이는 부지런하게 움직인다. 잠자는 시간을 제외하고는 한시도 움직이는 것을 포기하지 않는다. 배로 밀고, 손발로 기고, 붙잡고 일어서고, 걸어 보려고 애를 쓴다.

노인도 마찬가지로 어린아이의 사고와 행동거지를 똑같이 따라 하기만 하면 된다. 어린아이가 처음 말과 글을 배울 때 사용하는 낱말 맞추기, 그림 동화책, 위인전, 만화책 다 좋다. 시간이 나는 대로 읽고 쓰는 것이다. 일기 쓰기는 그야말로 안성맞춤이다. 그리고 어린아이처럼 그냥 생리적으로 잘 먹고, 잘 놀고, 잘 자면 끝이다. 어린아이가 세상 걱정할 일이 뭐 있겠는가?

이 지점에서 유의해야 할 것이 있다. 어린아이는 성인처럼 머리만

굴리는 것이 아니라, 몸과 머리를 동시에 굴린다는 사실이다. 그렇기에 어린아이가 하는 대로 몸을 움직이면서 머리를 굴리면 된다. 특히 어린아이가 가지고 있는 호기심에 주목해야 한다. 호기심을 놓치는 순간이 치매로 가는 길목이 될 수 있다. 이렇게 어린아이처럼 몸 운동과 생각 운동, 그리고 호기심의 3 박자를 갖추면 거짓말처럼 뇌의 기능이 회복된다. 뇌 기능의 회복 가능성에 대해서는 전문가들도 이구동성으로 동의하고 있다.

당장 연로한 부모를 모시는 자식이라면, 치매를 걱정하기에 앞서 재미있는 성인용 동화책을 부모님 머리맡에 놓아드릴 일이다. 간단한 손 운동, 발 운동을 할 수 있는 환경을 만들어 드리는 것도 빠뜨리지 말자. 그리고 호기심을 끌 만한 것들을 수시로 접하도록 해드리자. 포기하지 않고 매사 호기심을 가지고 어린아이의 사고와 행동 방식을 따라 하기만 하면, 노년의 가장 큰 두려움인 치매는 완전히 저 세상 일로 만들 수 있다.

■ 기억 메커니즘 이해하기

기억이란 일체의 경험, 즉 인간이 태어나면서부터 오감(五感)을 통해 습득한 모든 것을 의식 속에 저장하고 인출하는 정신 기능을 말한다. 또한 지각이란 우리가 주위 세계를 보는 방법이라고 말할 수 있다. 가령 두 사람이 똑같은 자극물에 노출되었더라도 개인의 필요,

가치, 기대에 따라 다르게 인식하게 된다. 그러므로 지각은 개인이 자극을 의미 있게 선택하고, 조작하고, 해석하는 과정으로 이해하면 무리가 없다. 모든 사물은 인간의 감각기관인 오감, 즉 청각, 시각, 후각, 촉각, 미각을 통해서 노출된다. 사물이 일단 오감을 통해 노출되면, 두뇌는 주의를 기울인다. 그리고 사물에 대해서 이해를 하고, 그 이해한 지식을 기억 속에 저장한다. 기억을 잘하기 위해서는 기억의 진행 과정을 잘 알아야 하는데, 이러한 과정을 지각 과정이라 한다.

두뇌와 연결된 감각기관인 오감은 자연발생적으로 모든 자극에 노출된다. 그런데 오감은 무의식적 기제가 작동하여 노출된 자극 중에서 필요한 것에만 선택적으로 노출된다. 또한 선택된 노출 중에서도 다시 한번 선택 과정을 거쳐서 필요하거나 흥미가 있는 자극에만 주의를 기울이고, 주의를 기울인 대상마저도 자신에게 가치가 있다고 여겨진 대상만을 선택하여 이해한다. 선택적 이해를 통해서 얻은 정보라도 최종적인 선택 과정을 재차 거치면서 자신이 원하는 정보만을 보존하고, 나머지는 삭제해 버린다.

이렇듯 기억 과정은 과감한 취사선택 과정을 거쳐서 알짜 정보라고 생각하는 일부 정보만을 보존하려고 한다. 예를 들어 사람은 하루에도 수천 개의 정보에 노출되지만 단지 70여 개 남짓을 지각하고 그 중에서도 10개 이내의 정보만을 기억한다고 한다. 이는 두뇌가 가지고 있는 인적 자원의 한계를 극복하고 두뇌를 주인의 뜻에 따라 효율적으로 이용하려는 선택적 지각 과정이 작동하기 때문이다.

정신적, 육체적으로 건강한 삶을 살고자 한다면 머릿속에 두뇌가 잘 작동할 수 있도록 목표물을 명확히 타깃팅해야 한다. 알고 싶은 것의 영역을 만들고, 필요한 것의 영역을 장치해 놓아야 한다. 좋아하는 것의 영역을 만들고, 관심을 가지고 있는 것의 영역을 세팅해 두어야 한다. 이렇게 지향하는 목표물을 머릿속에 미리 장치해 놓은 경우, 그와 관련된 자극이 노출되면 기억 메커니즘은 몇 배의 에너지를 사용하여 유익한 정보로 조작하고 안전하게 기억으로 저장하게 한다.

반면에 원하는 것, 필요한 것, 좋아하는 것, 관심을 가지고 있는 것들이 세팅되어 있지 않으면, 기억 메커니즘은 목표물이 없기에 외부의 자극 강도에 영향을 받아 분별없이 전혀 도움이 되지 않는 쓰레기 정보들로, 그렇지 않아도 부족한 기억저장공간을 채워버린다.

예를 들어 학생이 공부와 무관한 것에 지나치게 관심을 갖는다고 상상해 보자. 그때 학생의 기억 메커니즘은 학생이 필요한 학습 정보 목표물에 타깃팅되기 보다는 공부와 관련이 없는 불필요한 정보를 얻기 위해 기능한다. 따라서 공부를 못한다는 것은 기억저장공간이 남보다 적어서가 아니라, 바로 나의 관심 영역이 왜곡된 결과이다. '기억력이 안 좋아 머리가 나쁘다'고 얘기한다. 번지수를 한참 잘못

짚은 말이다. 머리나 기억력이 나빠서가 아니라 내가 제대로 기억 메커니즘을 조작하지 못해서이다. 컴퓨터 용량이 크다고 정보의 양이 많은 것이 아니다. 정보의 양은 내가 얼마나 많이 입력하느냐에 달려 있다. 또한 얼마나 컴퓨터를 효율적으로 조작하느냐에 달려 있다. 바로 나의 행동이 문제인 것이다.

내가 무엇을 좋아하는지, 무엇을 원하는지, 무엇을 알고 싶은지, 무엇에 관심이 있는지가 기억 메커니즘을 원활하게 작동하게 하는 핵심 목표물이 되어야 한다. 핵심 목표물이 장착되지 않은 기억 메커니즘은 방향성을 잃고 중구난방이 되어버린다. 따라서 한정된 두뇌를 가지고 기억을 잘하기 위해서는 불필요한 잡동사니에 관심을 두지 말고 필요한 것, 좋아하는 것, 목표에 부합한 것에 관심을 두어야 한다. 지각 과정도 주인의 목표에 곧바로 지향한다는 사실을 명심해야 하는 이유이다. 특히 지각 과정에서 기억 메커니즘이 잘 작동하도록 하기 위해서는 '집중'이라는 기름칠을 수시로 해줘야 한다. 기억을 잘하기 위해서는 집중만큼 좋은 기능성 명약도 없다.

■ 기억장치를 활성화하라.

우리의 기억은 크게 감각기억과 운용기억, 그리고 장기기억으로 구분한다. 일반적으로 감각기억은 감각기관으로 들어오는 오감 자극을 잠시 머물게 하는 기억으로 0.25초에서 수 초간 저장되는 것으로 알려져 있다. 운용기억은 단기기억으로 불리기도 하며, 감각기억을 통해 선택적으로 들어온 정보와 기존의 장기기억에 저장되어 있는 정보를 인출해서 처리하기도 하고, 정보 처리 후에는 필요한 결과물을 장기기억으로 이전하는 역할을 담당한다. 운용기억은 그 용량이 장기기억에 비해 매우 한정적이다. 마지막으로 장기기억은 운용기억에서 처리된 정보가 오랫동안 또는 영구적으로 보관된 형태의 기억을 말한다.

• 기억장치에는 저장 기능이 있다.

기억을 저장한다는 의미에서 기억장치는 은행과 비슷한 역할을 하고 있다. 우리가 은행을 이용하는 것은 돈을 여러 형태로 보관하여 필요할 때 요긴하게 쓰기 위해서이다. 기억도 마찬가지다. 필요할 때 바로 꺼내 쓸 수 있도록 기억을 저장하는 것이다. 기억은 감각기억에서 운용기억으로, 운용기억에서 장기기억으로, 장기기억에서 또 운용기억으로 저장 과정을 통해 순환 운동을 반복하고 있다. '머리 굴리면서 해라'라는 말을 흔히 듣는다. 바로 '머리 굴린다'는 말은 기억 순환 과정을 활성화하라는 말이다.

광고를 보고 있으면, ○○○가 간에 활력을 불어넣어 준다고 선전한다. 그런데 생각 운동이 기억에 바로 그 활력을 불어넣어 주는 역할을 한다. 따라서 생각 운동을 잘하기 위해서는 기억을 풍성하게 저장하는 일을 게을리해서는 안 된다. 독서, 여행, 시청각이나 각종 관람 등을 통해 새로운 정보를 많이 저장하도록 노력한다. 새로운 경험을 많이 하고 새로운 것을 탐구하기를 즐긴다. 새롭게 알게 된 기억은 새로운 피를 수혈하는 것처럼 기억에 활력을 불어넣어 준다. 기억장치의 중요한 기능 중 하나가 기억의 저장 기능이다.

• 기억장치에는 인출 기능이 있다.

기억장치에는 은행과 마찬가지로 기억을 꺼내 쓰는 인출 기능이 있다. 다만, 은행은 인출하지 않으면 원금에 이자가 쌓여서 돈이 불어나지만, 기억은 인출을 소홀히 하거나 장기간 인출을 안 하면 기억이 쌓인 상태로 유지되는 것이 아니라 반대로 사라져버린다. 더 안타까운 사실은 기억이 사라지기만 하는 것이 아니라, 인출 기능의 영구 고장으로 치매를 유발하기도 한다는 것이다.

특히 유의해야 할 점은, 기억은 인출하면 할수록 없어지는 것이 아니라, 기억에도 군살이 배겨 더욱 강하게 저장된다는 사실이다. 따라서 기억의 저장도 중요하지만, 기억의 인출도 못지않게 중요하다. 왜, 기억을 저장하는가? 바로 필요할 때 인출해서 쓰기 위해 저장을 하는 것이다. 따라서 치매를 예방하기 위해서는 소위 머리 굴리는 운동, 즉 인출 운동을 꾸준히 해줘야 한다.

• 기억장치에는 연상망 기능이 있다.

어떻게 하면 기억을 잘 유지하고 보존할 수 있을까? 기억은 정보가 낱개로 독자적으로 저장되는 것이 아니라 네트워크 형태로 정보들 사이에서 서로 거미줄처럼 연결되어 저장되는데, 이를 연상망이라고 부른다. 따라서 기억을 잘하기 위해서는 사물을 대할 때 관련된 사실들에 네트워크를 구축하여 연상망을 공고히 해야 한다.

특정 사물, 예를 들어 자동차를 기억한다면 단순하게 자동차 모델에만 국한하지 말고, 그 회사의 브랜드, 광고, 세간의 평가, 비교 대상, 이미지 등을 종합적으로 네트워크화하여 기억 속에 연상망으로 묶음 저장을 해 놓으면 오래도록 기억을 잘 보존할 수 있다. 기억을 잘 보존하기 위해서 연상망 기능을 의도적으로 활성화하는 노력을 게을리하지 말아야 한다. 연상망 기능은 생각을 깊게 할 때 그 효과가 나타난다.

• 기억장치에는 리허설 기능이 있다.

리허설은 마음속에서 해당 내용을 반복적으로 되뇌는 활동으로서 기억이 사라지지 않고 오랫동안 유지될 수 있도록 기억력을 강화시켜 준다. 이러한 리허설은 장기기억을 공고히 하는 가장 주효한 방법으로 일반적인 반복 학습으로 이해하면 된다. 반복한다는 의미는 장기기억을 운용기억으로 이동시켜 기억을 재활성화한 다음에 다시 장기기억으로 보내는 과정이다. 리허설이나 반복은 장기기억 내 희미해진 기억이나 사라지게 될 운명에 있는 기억을 다시 소생시키는 기억 전문의로서 역할을 담당하고 있다.

공부하는 데 반복이 가장 중요하다는 것은 경험을 통해서 이미 확인한 사항이 아니던가. 기억을 되살리려면 반복해서 암기하는 것도 한 방법이다. 물론 기억이 사라지지 않도록 글을 반복해서 읽거나, 써 보는 것도 효과적인 방법이다. 또한 리허설은 저장 기능 강화는 물론 인출 기능을 원활하게 하는 데 매우 유익한 기능이다. 따라서 리허설은 저장 기능과 인출 기능을 동시에 강화시켜 준다.

• 기억장치에는 망각 기능이 있다.

기억장치에는 저장 기능과 인출 기능만 있는 것이 아니고 망각 기능도 같이 존재한다. 기억장치는 용량의 한계가 있으므로 반드시 망각 기능을 통해서 불필요한 기억들은 소멸시키고 새로운 기억을 보관할 수 있는 저장공간을 확보해야 한다. 그런데, 망각에는 순기능과 역기능이 함께 존재한다.

한 번 저장된 기억이 영원히 잊히지 않는다고 생각해 보라. 얼마나 비참한 삶이겠는가! 싫은 기억, 나쁜 기억, 아픈 기억, 죽도록 잊고 싶은 기억이 시간이 지남에 따라 자연스럽게 기억 속에서 사라지기에,

위안을 찾고 평정심을 얻고, 다시 용기를 내어 새 삶을 살 수 있는 것이다. 이렇듯 편안한 삶을 위해서는 망각 기능이 없어서는 안 되는 중요한 순기능이다.

하지만 좋은 약이라 할지라도 반드시 부작용이 있게 마련이다. 망각 또한 좋은 점이 많이 있는 반면에 역기능도 가지고 있다. 시험을 치르는 학생이 망각으로 인해 기억이 가물가물하여 정확한 답을 찾을 수가 없다면, 청춘들이 망각으로 인해 잊지 말아야 할 기념일 등 소중한 기억을 잊어버린다면, 심지어 노년에 들어서 망각이 과하여 기억을 통째로 잊어버리기라도 한다면, 기억장치 고장으로 치매라도 걸린다면, 이에 대한 해결책은 없는 것인가?

한 가지 위안은 망각 기능은 홀로 존재하는 것이 아니기 때문에, 기억 메커니즘의 유기적인 상호 작용을 통해서 어느 정도 망각 기능의 재생이 가능하다는 사실이다. 망각 기능은 반드시 기억장치에 기생하여 존재한다. 망각 기능은 기억장치의 보존 상태나 활성화 정도에 따라 상대적으로 커지기도 하고 작아지기도 한다. 따라서 망각 기능을 잘 통제하기 위해서는 기억장치의 저장 기능과 인출 기능을 꾸준히 활성화하여야 한다.

물론 망각 기능과 치매는 다른 경우이다. 치매는 저장 기능과 인출 기능의 고장으로 생기는 병이다. 다만, 망각의 끝단에 치매가 자리

잡고 있다. 거미와 거미줄의 관계를 이해하자. 거미줄만 없앤다고 거미가 사라지지는 않는다. 거미줄을 없애기 위해서는 본질인 거미를 잡아야 한다. 기억장치가 거미라면, 치매는 거미줄이다. 따라서 본질인 저장과 인출의 기억장치를 건강하게 유지해야 한다.

잘 먹고, 잘 싸고, 잘 자면 건강하다고 한다. 기억도 마찬가지다. 정보를 잘 저장하고, 잘 인출하고, 저장과 인출을 통해 잘 활성화하고, 잘 망각하면 건강하다. 기억 메커니즘 속에 있는 저장 기능, 인출 기능, 리허설 기능, 망각 기능을 정확히 이해하고 기억장치를 활성화하는 생각 운동을 꾸준히 지속하면 치매 예방은 물론, 건강하고 행복한 삶을 누릴 수 있을 것이다.

I - M A R K E T I N G

제2부

가치 추구형 인생

울림6

우리 민족 전통의 멋과 흥이 어우러진 울림과 화합의 현장에서 더불어 행복한 소망을 담아내다.

제 7 장

Marketing Mind

- 마케팅은 고객을 최우선으로 생각한다
- 마케팅은 교환과 거래의 관계이다
- 마케팅은 가치를 중시한다
- 마케팅은 소통을 중시한다
- 마케팅은 win-win을 추구한다
- I-Marketing이 추구하는 것

제7장 Marketing Mind

필자는 경영학, 특히 마케팅을 통해 학생들과 지적 교감을 나누면서 인간관계와 마케팅을 접목해 보면 '참 좋겠다'라는 생각을 잠시도 멈춘 적이 없었다. 사실 마케팅의 기본은 고객 중심주의이다. 마케팅에서 '사람'은 시장의 주체이면서 거래 당사자로서의 역할을 동시에 수행하고 있다. 지금 시장은 경쟁이 날로 치열하다. 기술의 진보가 급속하게 이루어지고 있고, 기술의 발달로 인해 제품수명주기는 짧아지고 있다. 수요보다는 공급이 넘치고, 세계화는 이제 거스를 수 없는 대세가 되었다.

고객은 더 똑똑해지고, 전문가 뺨치는 실력을 자랑한다. 이러한 상황에서 고객을 가르치려고 생각하면 무조건 시장 실패이다. 고객을 섬기고, 고객에게 귀를 기울이고, 고객과 더불어 동행할 때 고객의 선택을 받을 수 있는 것이다. 마케팅은 시장의 전체 과정을 연구하는 실용 학문으로서 마케팅만큼 사람 마음을 사기 위한 구체적인 목적을 가지고 실행하는 학문도 드물다는 생각이 든다.

■ 마케팅은 고객을 최우선으로 생각한다.

마케팅은 고객의 가치를 분석하고, 고객과의 관계를 통해서 고객의 마음을 사는 법을 연구한다. 따라서 마케팅과 사람은 상호 불가분의 관계이다. 서비스 마케팅은 마케팅 기본 요소인 4P인 Product(제품), Price(가격), Place(유통), Promotion(촉진/홍보)에다가 3P인 People(사람), Process(과정), Physical Evidence(물리적 증거)를 추가하여 연구한다. 4P도 그렇지만, 특히 서비스 3P의 중심에는 사람과 사람이 직접 관계하고 있다.

또한 마케팅은 고객의 마음을 얻기 위한 다양한 형태의 효과적인 방법들을 구사하고 있다. 사람의 마음을 사기 위해서는 그 사람의 마음속까지 들여다봐야 하는데, 마케팅에는 인간관계의 정수가 잘 정제되어 녹아 있다. 그것이 바로 고객을 최우선으로 생각하는 고객 중심주의이다.

■ 마케팅은 교환과 거래의 관계이다.

마케팅은 시장에서 일어나는 교환과 거래 관계의 전체 과정을 연구한다. 시장을 통해서 기업은 가치를 제공하고, 고객은 가치에 대한 보상으로 가격을 지불한다. 그 결과 시장에서는 가치 창출과 가치의 회수가 끊임없이 반복되고 있다. 사실 교환과 거래는 우리의 삶 속에서 다양한 형태로 이루어지고 있다. 따라서 교환과 거래는 비단 협의의 개념인 유형의 시장에서만 이루어지는 것은 아니다.

이미 시장에서 알려져 있듯이 금융시장, 노동시장, 취업시장 등 온갖 무형의 시장들에서도 교환과 거래가 이루어지고 있다. 심지어 부모와 자식 간에도 교환과 거래가 이루어지고 있다. 마케팅의 기본인 교환과 거래의 과정을 잘 활용하면, 상호 승자가 되는 목표지향적인 교환과 거래를 생활화할 수 있을 것이다.

■ 마케팅은 가치를 중시한다.

마케팅은 가치를 중시하는 학문이다. 시장은 겉으로 보기에 상품을 매개로 교환과 거래가 이루어지는 것처럼 보이지만, 사실은 가치가 그 중심에 있다. 가치란 만족과 효용과도 유사한 말이고, 필요가 가치를 만들어 낸다. 기업 입장에서 기술이 뛰어나고 좋은 제품이라고 선전하더라도, 고객이 쓸모없다고 판단하여 가치가 없는 제품으로 낙인을 찍어버리면 더 이상 시장에서 존재할 수 없다. 즉, 기업은 시장에 가치 있는 제품을 고객에게 제공하고, 고객은 가치가 있다고 판단하는 제품에 기꺼이 가격을 지불하고 구매한다.

사람 사는 세상도 가치가 중요하다. 인간 시장에 쓸모없다고, 가치 없다고 지탄받고 있는 사람들이 많아서는 안 된다. 그런 사람이 있다면 가치 항체를 생성시키는 백신 주사를 맞혀야 한다. 이 세상에 유아독존으로 태어나서 가치 없는 사람으로 평가받는다면, 이 얼마나 슬픈 일인가? 인간의 가치를 상호 중시하는 세상이 바로 가치 있는 세상이다.

■ 마케팅은 소통을 중시한다.

마케팅은 기업과 고객 사이에 소통을 특히 중요시한다. 따라서 마케팅에는 여러 가지 소통과 관련한 수단들이 있는데, 커뮤니케이션, 광고, PR(Public Relations, 홍보), 인적 판매, 그리고 촉진 등이 그것이다. 아무리 가치 있는 제품을 만들었다 할지라도 고객의 눈에 띄지 않거나, 고객의 귀에 들리지 않으면 백약이 무효하다. 따라서 마케팅에서는 커뮤니케이션과 소통이 관계를 연결하는 핵심으로 중시되고, 소통과 관련하여 다양한 연구와 실험들을 지속하고 있다.

소통 부재로 인해 사소한 오해가 증폭되어 가정 파탄이 나기도 한다. 조직은 어떠한가? 소통 부재로 인해 특정 방향으로 가야 할 목표가 방향성을 잃고 표류하는 경우가 발생한다. 사회나 국가도 예외가 될 수 없다. 전기가 끊기면, 세상이 온통 암흑천지가 되어 아무것도 할 수가 없게 된다. 마찬가지로 불통은 한 치 앞을 내다볼 수 없도록 예측 불가능한 상황을 만들어 버린다. 마케팅에서 소통이 중요하듯이 인간관계에도 소통은 필수요소이다.

■ 마케팅은 win-win을 추구한다.

시장에서 기업과 고객은 어느 일방을 죽이거나 이기기 위한 대상이 아니다. 시장은 고객과 기업이 win-win을 궁극적 목표로 삼고 가치와 생존이라는 상호 간의 목적을 주고받고 있다. 고객은 가치를 얻으므로 만족을 느껴 구매 행위를 지속할 것이고, 기업은 매출 증대로 인해 수익성을 확보하여 지속 가능한 성장의 페달을 밟을 수 있는 것이다. 이렇듯 시장은 거래와 교환 과정을 통해서 상호 win-win의 결과를 선순환 구조로 창출해 내고 있다.

여담이지만, 기업의 노사관계도 win-win이 답이다. 노사는 반드시 win-win 게임이 되어야 하는 숙명을 지니고 있다. 일부에 해당하지만, 노사관계를 대립 관계로 본다거나 노사의 개념을 오해하는 측면이 없지 않아 아쉽기만 하다. 노동자와 사용자는 거래와 교환 관계의 당사자이다. 또한 거래와 교환 관계는 반드시 권리와 의무가 뒤따른다. 어느 일방이 권리와 의무 중 한쪽을 방기하는 경우에는 관계 자체가 원칙적으로 성립될 수 없다.

또한, 기업은 노사관계 상위의 개념으로서 거래나 교환 관계의 당사자가 아니다. 기업이 있어야 노동자가 있고, 사용자도 있는 것이다. 기업이 있어야 노사관계의 존속도 가능하다. 따라서 '기업이 성장을 지속해야 한다'는 하나의 공동 목표를 두고, 사용자들은 경영을 잘해서 수익을 많이 창출하여 노동자의 사기를 진작시키고 제반 복리 수준을 끌어올리는 의무를 다하고, 노동자는 주어진 일에 최선을 다해서 기업 발전의 동반자로서 책임을 다하고 그 대가로 마땅히 받아야 하는 권리를 요구해야 한다. 기업을 상위에 두고, 쌍방이 책임과 의무를 존중하면서 거래와 관계를 유지하는 것이 바람직한 노사관계의 모습이다.

인간관계도 마찬가지로 win–win의 관계가 중요하다. 전문가들의 주장에 따르면, 사회적 갈등을 줄이면 실질 국내총생산(GDP) 성장률을 0.2%까지 높일 수 있다고 한다. 또한 전문가들은 사회적 갈등 비용을 연간 최소 80조 원 이상으로 추정하고 있으며, 어떤 조사에서는 최대 연간 240조 원까지 이른다고 주장하고 있으니, 보통 심각한 문제가 아닐 수 없다.

나부터 솔선수범한다. 양보와 배려의 미덕이 필요하다. 다름의 가치를 존중해서 공동체 문화를 복원해야 한다. 언행일치가 중요하다. 다음 세대를 위하여 지구가 지속 가능할 수 있도록 물질적 탐욕을 줄이고 자연을 보호하고 자원의 과다한 사용을 억제해 나가야 한다. 사람 사는 세상은 너 죽고 나 살기가 통하지 않는다. 그때는 오직 공멸(lose–lose)만 있을 뿐이다.

■ I-Marketing이 추구하는 것

안타깝게도 일상생활에서 I(나)라는 주어가 생략되는 경우가 많다. I(나)는 전혀 그렇게 행동하지 않으면서, 공짜라고 그저 좋은 말들을 옮기기만 하고, 행동 없이 주장하기만 하고, 그렇게 해야 한다고 하면서도 자신은 정작 실행하지 않고, 그런 척만 한다. 앞으로 나부터 나를 돌아보는 시간을 가졌으면 하는 바람에서 이 책의 제목에도 'I(나)'를 머리에 앉혔다.

또한 마케팅이 추구하는 마케팅 마인드를 조금이라도 알리고 싶은 심정에서 'Marketing'을 조합해서 'I-Marketing'이라고 만들어 보았다. 세상에서 가장 가치 있는 것은 사람의 마음을 사는 것이라고 믿고 있다. I-Marketing은 "사람의 마음을 사기 위해서 내가 나를 마케팅한다"는 뜻이다. 물론 마케팅의 가치를 한 그릇에 다 담는다는 것은 필자의 능력으로 불가능하다. 다만, 한 이파리의 낙엽이 전령이 되어 가을이 오고 있음을 알려주듯이, 내가 던진 작은 조약돌 하나가 인간의 강에 그나마 작은 울림의 메아리가 되었으면 한다.

제 8 장

가장 가치 있는 것

- 동기와 가치는 선순환한다
- 가치 창출과 가치의 회수
- 사람의 마음을 사는 것

제8장 가장 가치 있는 것

■ 동기와 가치는 선순환한다.

동기란 물건, 사람, 부, 명예, 학문 등 유무형의 모든 대상에 대하여 행동을 일으키게 하는 심리적 요인을 뜻한다. 동기는 욕구, 관심, 충동, 호기심, 필요 등 여러 단어와 의미를 공유하고 있다. 알기 쉽게 표현하면, 부족한 것을 채우고자 하는 동기가 있기에 행동한다. 배가 고프면 본능적으로 먹고 싶다는 동기가 생기고, 그 동기가 행동을 유발하여 음식물을 찾게 된다. 마찬가지로 갖고 싶다는 동기가 생기면 기꺼이 비용을 지불하고 원하는 물건을 사는 행동을 한다.

물론 동기는 차원이 다르게, 물질적인 대상은 물론 정신적인 대상에 대해서도 찾을 수 있다. 즉 위인전의 주인공처럼 되고 싶어서, 최고의 사업가가 되고 싶어서, 불쌍한 사람들을 구제하고 싶어서, 성자의 말씀을 따르기 위해서 등등의 동기가 발현하기도 한다. 아무튼 사람 속마음이 각기 다르듯이 동기도 각양각색이고 천차만별이다. 동기의 강도와 깊이가 생각과 행동의 결과를 이끌어 내고, 결국에는 가치의 수준까지 결정하게 된다.

20세기 최고의 천재라 일컫는 아인슈타인(Albert Einstein)은, '나는 특별한 재능(special talents)을 가지고 있지 않다. 다만 나는 열정적으로 호기심(passionately curious)이 많은 사람이다'라고 자신을 평가했다. 또한 호기심이 자신의 유일한(only) 장점이라고 고백하고 있다. 그는 호기심을 통해서 위대한 과학자로서 인류의 번영과 행복을 위해 뛰어난 업적을 남길 수 있었다. 쉼 없이 뭔가를 하고 싶고, 갖고 싶고, 해결하고 싶고, 풀고 싶은 호기심이 바로 인간이라면 기본적으로 갖춰야 하는 그 참을 수 없는 동기이다. 따라서 동기는 바로 개인이나 사회를, 행동을 통해 발전적으로 변화시키는 힘의 원천이다.

동기 이론의 기초를 제시한 매슬로우(A. H. Maslow)는 다섯 가지 기본 단계의 인간 욕구들, 즉 생리적 욕구, 안전의 욕구, 소속감의 욕구, 존중의 욕구, 자아실현의 욕구를 제시하면서 이들이 상호 위계적인 관계임을 주장하였는데, 이를 '욕구계층이론(Hierarchy of Needs)'이라 부른다. 즉 개인은 기본적인 욕구가 충족되어야 더 높은 수준의 욕구를 가지게 된다는 것이다.

그의 이론에 의하면, 인간은 먼저 본능적 욕구인 생리적 욕구를 채우려고 노력한다. 생리적 욕구가 충족되면, 한 차원 높은 안전에 대한 욕구를 추구한다. 안전의 욕구가 채워지면, 그 상위 단계인 소속감의 욕구를 추구한다. 소속감의 욕구가 충족되면, 다음 단계인 존경의 욕구를 추구하고, 이어서 존경의 욕구가 충족되면, 마지막으로 자아실현 욕구를 추구한다.

그의 이론에 학문적 비판이 없지는 않지만, 매슬로우는 인간 본성으로 가지고 있는 차원이 다른 다양한 욕구들을 제시함으로써 인간의 삶 속에서 다차원의 동기들이 바람직한 행동을 유발하는 동인(drive)이 된다는 사실을 잘 설명해 주고 있다. 현재까지도 그의 동기 이론은 행동이론과 함께 가치와 목표 달성을 추구하는 다양한 분야에서 유익하게 활용되고 있다. 실제로 동기 과정 모형을 보면, 동기와 목표는 불가분의 관계로서 동기는 행동과 연결되고 행동을 통해서 목표를 성취해 낸다. 또한 성취 욕구인 동기가 있어야 열정 에너지가 샘솟고, 깊은 생각으로 집중하게 되는 것이다.

동기는 가치와 연계해서 동기의 상승작용을 지속한다. 어려운 사람을 돕고자 하는 동기는 불우이웃을 돕는 행동을 유발하고, 그 행동으로 인해 스스로 가치를 느끼게 되며, 도움을 받은 상대방으로부터 가치 있는 사람으로 존경을 받게 된다. 자신의 행위가 가치 있는 일이라고 스스로 판단하거나 인정을 받게 되면, 새로운 차원의 동기를 추구하고자 하는 동기의 활성화가 분출된다. 따라서 동기와 가치는 상호 영향을 주고받는 나선형의 선순환 과정을 지속하여, 욕구 단계의 정점인 자아실현의 단계에까지 도달하게 되는 것이다. 따라서 매슬로우의 욕구 5단계 중에서 상위 단계인 존경의 욕구나 자아실현의 욕구가 실현되었을 때, 더 큰 가치를 느끼는 것은 당연한 이치이다.

선한 동기로 출발하여 다른 사람으로부터 좋은 평가를 받는 일은 가치 있는 사회를 만들기 위한 공동체의 바람직한 모습이다.

■ 가치 창출과 가치의 회수

가치란 인간 행동에 영향을 주는 어떠한 바람직한 것, 또는 인간의 지적, 감정적, 의지적인 욕구를 만족시킬 수 있는 대상이나 그 대상의 성질을 의미한다. 가치는 경험할 수 있는 사물로부터 유래된 객관적 가치와 개인의 감정이 사물에 가치를 부여하는 주관적 가치로 크게 나눌 수 있다. 또한 일상생활에서 욕구를 충족시킬 수 있는 것은 모두 가치에 포함할 수 있는데, 그러한 가치는 경제적 가치, 육체적 가치, 그리고 정신적 가치로 구분할 수 있다. 또한 진선미의 보편적인 가치를 추구하는 가치론은 철학의 중요한 분야이기도 하다.

마케팅에서의 가치는 고객이 재화나 서비스를 사용함으로써 느끼는 만족감의 크기를 말한다. 재화와 서비스는 시장을 통해서 거래가 이루어진다. 기업은 재화와 서비스를 이용해서 고객을 위해 가치를 창출하고, 가격을 통해서 가치 창출에 대한 보상을 받게 된다. 이러한 일련의 과정을 가치의 회수(Capturing Value)라고 부른다. 이러한 가치의 창출 및 회수 과정이 장기적으로 반복될 때, 기업은 지속가능한 성장을 유지할 수 있다. 이러한 기업과 고객의 관계는 가치를 매개로 양자 만족(win-win)이 실현될 때 가능한 일이다.

만족감의 크기가 가치이기 때문에, 명품이나 귀금속은 교환 가치가 높으니까 당연히 가격이 비싸야 한다고 생각하고 주저 없이 구매 행동에 들어간다. 같은 이유로, 가치가 없다면 쓸모없는 것으로 간주하여 교환 관계가 이루어질 수 없다. '가치 없는 물건'이라는 말은 만족감을 주지 못하는 쓸모없는 물건이라는 것이다. 마케팅의 예에서 볼 때, 가치는 관계를 유지하고 지속시키는 데 핵심적인 역할을 담당하고 있다. 고객은 만족감의 크기에 따라 재구매 또는 구전 활동(Word of Mouth, WoM)을 통해서 거래가 지속될 수 있도록 기꺼이 지원 역할을 자원하기도 한다.

마케팅의 프리즘을 통해 인간관계에 있어서 가치가 무엇인지 바로 확인할 수 있다. 인간 사회에서도, '저 사람은 지위도 높고, 돈도 많은 부자이지만 도무지 쓸모없는 사람이야'라는 말을 듣는다. 그런데 '쓸모없는 사람'이란 바로 '가치 없는 사람'이라는 뜻과 맥을 같이한다. 인간 시장에서 쓸모없는 사람이라는 말은 더 이상 거래나 관계를 해서는 안 된다는 무서운 말이다. 사람을 평가하는 데 이처럼 가혹한 표현도 없을 것이다. 따라서 인간 시장에서 쓸모없는 사람이 아닌 쓸모 있는 사람으로 인정을 받는 것이 바로 가치 있게 사는 인생이다. 가치는 나와 상대를 즐겁게 해주고 상호 win-win의 만족감을 키워주는 행복의 묘약이다. 인간의 가치 또한 구전 활동을 통해서 발 없는 말이 천 리를 간다.

■ 사람의 마음을 사는 것

그렇다면, 세상에서 가장 가치 있는 것이 무엇일까? 가장 비싸게 팔린다는 피카소의 그림이나 귀금속의 제왕인 다이아몬드, 아니면 가장 비싼 차나 부동산 등등 대개는 유형적인 것들이 먼저 머리에 떠오를 수 있다. 차원을 높여 생각해 보면 무형의 출세, 명예, 권력, 지위, 그리고 기부 등 자선 행위나 봉사도 훌륭한 가치 덕목으로 손색이 없다.

인간의 가치관은 무엇이 좋고, 옳고, 그르고, 바람직하고, 만족을 얻는가에 대한 차원들로 서로 다르다. 돈을 버는 것에 가치를 두는 사람이 있는가 하면, 번 돈을 유익하게 사용하는 것을 가치로 생각하는 사람이 있다. 비싼 물건을 소유하는 것에 가치를 느끼는 사람이 있는가 하면, 조금 있는 것조차도 남을 돕는 일에 쓰는 것을 가치로 생각하는 사람도 있다. 또한 유형의 물질을 가치로 추구하는 사람이 있는가 하면, 자아실현의 욕구를 통해서 가치를 찾고자 하는 사람도 있다. 이렇듯 사회는 차원이 다른 가치들이 서로 조화를 이루면서 상생을 위해 공존하기에 아름다운 것이다.

인간관계를 가치 추구 행위로 보면, 마케팅의 시장 원리와 크게 다를 바 없다. 나의 가치의 크기는 시장을 통해서 다른 사람으로부터 받게 되는 평가의 크기로 결정된다. 법과 질서를 잘 지키는 선량한 마음, 남을 배려할 줄 아는 따뜻한 마음, 도덕적 규범을 따르는 바른 마음, 이웃을 사랑하는 마음들이 상대방이 평가하는 가치 상품일 수 있다. 궁극적으로 인간이 가장 바라는 것은 삶을 살아가면서 누군가에게 가치 있는 사람으로 평가받는 것이 아닐까 생각한다.

편안한 사회, 행복한 사회를 위하여 인간관계 공동체 시장에서는 가치 창출과 가치의 회수가 반복적으로 이루어지고 있는데, 가장 가치 있는 상품은 무엇일까? 여러분은 무엇이라고 생각하는가? 필자의 답은 이것이다. 세상에서 가장 가치 있는 것은 '사람의 마음을 사는 것'이다. 사람의 마음을 사는 것을 최고의 가치로 생각하는 사회가 더불어 사랑하는 사회, 서로를 존중하는 사회, 서로에게 믿음을 주는 사회, 즉 진정한 유토피아의 세상이 된다. 인간 시장에서 최고의 가치는 머니머니(뭐니뭐니)해도 '사람의 마음을 사는 것'이다.

제 9 장

인간관계의 위기

- 가정의 기초마저 흔들리고 있다
- 인간관계의 위기, 기성세대의 책임이 크다
- 본을 주고받을 어른이 필요하다

제9장 인간관계의 위기

■ 가정의 기초마저 흔들리고 있다.

중매혼 제도는 과거 우리나라의 전통적인 혼인 방식으로 가족제도의 중요한 역할을 담당하였다. 지금은 거의 사라진 유물처럼 되었지만, 한 세대 이전까지만 해도 중매 결혼이 흔했던 시절이었다. 필자도 중매쟁이 덕분에 훌륭한 아내를 맞을 수 있었고, 행복한 가정을 꾸릴 수 있었다. 당시 중매쟁이는 당사자의 심성이나 성품을 가장 중요한 판단 기준으로 삼았다. 돈은 있다가도 없고, 없다가도 있는 일로 노력하면 얼마든지 바꿀 수 있지만, 심성만큼은 쉽사리 바꿀 수 없다고 생각했다. 그렇게 중매하다 보니 당사자 간에 믿음과 신뢰가 쌓이게 되어 대부분 결혼으로 맺어졌고, 가정의 화평으로 이어졌다.

중매를 주선한 중매쟁이는 전문적인 직업으로 하는 것도 아니었다. 순전히 당사자를 잘 알고 믿을 수 있다는 신뢰 하나로 보람을 얻고자 중매에 나섰다. 무슨 큰 대가를 바라지도 않았다. 아름다운 가정 공동체가 유지되기를 바라는 순수한 마음으로 중매쟁이 역할을 자임하고 나선 것이다. 참으로 아름다운 미덕이면서 좋은 전통이 아닐 수 없다.

요즈음은 어떠한가? 먼저 결혼과 관련된 환경이 바뀐 것을 부인하지는 않는다. 그렇더라도 세태가 너무 많이 변한 것 같아 안타깝다. 중매라는 말을 꺼내지도 못한다. 자기들이 알아서 하게 내버려 두라고 닦달까지 한다. 왜냐, 도무지 사람을 알 수가 없는 세상이 되어 버렸단다. 전통적인 의미의 신뢰 중심의 중매나 결혼이라는 말은 좀체 찾아보기 어렵다.

그렇기에 맨 먼저 상대의 직장이 튼튼한지, 부모의 재력 상태가 좋은지, 결혼하면 아파트를 장만할 능력이 되는지 등 재력이나 조건을 보고, 외모를 중시하고, 유형적 배경을 이 잡듯이 샅샅이 뒤진다. 신뢰는 앞의 조건들이 충족된다면 그다지 중요한 변수로 끼워 주지도 않는다. 여러 가지 조건들이 계량화되어 상대 평가로 호불호를 판단한다. 그렇다 보니 결혼 전에 숨기는 것이 한둘이 아니란다. 일부에 한정된 얘기라고 믿고 싶지만, 아무튼 기본이 무시된 비정상적인 모습임에는 틀림이 없다.

요즘은 결혼 중매업이 훌륭한 사업 모델로서 성업 중이고, 사업이다 보니 중개 수수료도 만만치 않다고 한다. 흡사 좀 과장하면 경매시장을 방불케 한다고나 할까? 인성이니 품성이니 하는 것들은 실체를 알 수 없는 가장무도회가 되어 버리고, 오직 조건이나 스펙 경쟁에 여념이 없다. 경매시장은 진품이라도 보장해 주지, 결혼 시장은 맺어주는 것으로 끝이고 진짜를 감별해 주는 감별사 제도는 애당초 없는 것이 현실이다. 이 슬픈 사실이 그냥 꾸며낸 픽션이라고 억지춘향 격으로 들이댄다면, 씁쓸한 위안이라도 받을 수 있으련만.

결혼이라는 대사에 있어, 각자 상대방을 선택할 때는 믿음과 신뢰가 가장 중요한 기본이 되어야 한다. 하지만 현실은 돈이나 여타의 물질이 우선시되는 왜곡된 결혼 문화로 판이 기울고 있다. 대부분은 아니겠지만 실재한다는 것 그 자체만으로도 슬픈 일이다. 이러한 비정상적인 결혼 문화 속에서 젊은이들이 결혼을 포기하는 것은 어찌 보면 당연한 결과가 아닐까? 이제 결혼은 의무가 아니라 선택이라고 공개석상에서도 스스럼없이 말한다.

겉으로 보이는 결혼 문화만이 문제가 아니다. 결혼은 한 가정을 꾸리고 자녀를 낳아 대를 이어 인간의 삶을 지속해 나가는 선순환 구조가 되어야 하는데, 처음부터 자녀는 낳지 않기로 서약을 한다고도 하니 좀체 이해가 가지 않는다. 또한 흔히 하는 얘기로, 자식이 결혼해도 걱정, 안 해도 걱정인 세상이 되었다고 탄식한다. 현재 국내 이혼율은 우상향으로 급상승 중이다. 이혼율 수치를 꺼내기가 부끄럽고, 심각을 넘어 무섭기까지 하다. 따라서 결혼 후에 자녀들이 이혼이라도 한다면, 만약 이혼하고서 자신들이 낳은 자식들마저 서로 챙기지 않겠다고 버티면, 블랙홀처럼 앞이 깜깜하고 모든 불행 요소가 송두리째 빨려 들어오고 만다. 심지어 자녀 양육마저 당연한 권리와 책임이 아닌 비용 차원에서 판단한다니, 수년간 세계 일등 저출산 국가로 오명을 쓰고 있는 것은 너무나 당연한 자업자득이다.

지금과 같은 저출산 추세라면, 40년 후인 2060년쯤에는 우리나라의 인구가 반 토막이 나고, 급기야 21세기가 끝난 이후에는 지구상에서 사라지게 될 최초의 국가가 될 수도 있다고 인구학자들이 경고하고 있다. 저출산은 심각한 국가적 과제가 아닐 수 없다. 가정의 기초가 흔들리고 있다. 더불어 인간관계마저 삭막해져 가고 있다. 가정이 건강해야 사회가 튼튼하다. 가정이 흔들리는데 사회가 튼튼할 리 만무하다. 바람직한 인간관계를 유지하기 위해서는 건전한 가족문화의 회복이 급선무이다. Back to the Basic, 기본으로 돌아가자!

■ 인간관계 위기, 기성세대의 책임이 크다.

문제는 정신이다. 정신이 사라지고 있다. 정신과 물질은 동전의 양면처럼 함께 하면서 사회적 가치로서 빛을 발할 수 있어야 한다. 정신이 사라지고 물질만이 지배하는 세상은 불행을 불러오는 악의 꽃이다. 이러한 비정상이 마치 정상인 것처럼 인식되게 만든 원죄는 기성세대의 책임이 크다. 왜 기성세대의 책임인가?

자나 깨나 돈이 전부이고, 돈의 경쟁에서 이기는 것을 지상 과제라고 역설한다. 겉으로는 부를, 일류를 혐오하는 것처럼 행세하면서도, 실제로는 내 자식은 부자로, 내 자식은 일류로 만들기 위해 모든 수단과 방법을 다 동원하고, 용들을 쓴다. 심지어는 자식마저도 비교 대상으로 전락시켜서 일류가 아니면 사람 취급을 하려 들지 않는다.

이런 세상은 극히 이기적이며 죽이고 사는 경쟁만이 존재하고, 약육강식의 야수적 세상이 되어 종국에는 모두가 패자가 되고 마는 불행 끝판왕이다. 결혼이나 가정의 문제를 가지고 예를 들었으나 정신이 사라지는 곳이 비단 이곳뿐이겠는가? 비정상의 불나방들이 도처에서 악의 꽃으로 몰려들고 있다. 사회 전반적으로 비정상이 판을 치고 있다.

한마디로 물질이 지배하는 세상, 물질로 모든 것을 평가하는 세상은 나를 포함한 우리 기성세대가 만들었다. 자신들이 앞장서서 불행의 씨앗을 잉태하고 키워 냈음에도 불구하고 마치 그 책임이 젊은 세대들에게 있는 것처럼 너스레를 떠는 모습이라니, 몰염치가 아닐 수 없다. 우리 세대에서 반드시 끊어야 한다. 다음 세대로 넘겨서는 절대 안 된다. 그러기 위해서는 정신을 다시 되살려내야 한다. 가치를 재정립해야 한다. 정신이 바로 설 때 몸도, 가정도, 사회도, 국가도 건강해진다.

■ 본을 주고받을 어른이 필요하다.

물질과 정신의 가치가 균형 잡힌 세상을 위해서는 본보기가 필요하다. 멘토가 필요하다. 롤 모델이 필요하다는 말이다. 늘 자신을 바보라 불리기를 좋아하고, 가난하고 고통받는 사람들의 편에 서서 때로는 행동으로, 때로는 진심 어린 위로로 따뜻하게 보듬어 주시고, 사회 모든 구조적인 문제가 다 '내 탓이오'라고 겸허하게 반성하고 성찰하시고, 물질 만능주의 세태를 안타까워하면서 스스로 청빈한 삶을 살다 가신 김수환 추기경 님이 정말이지 그립다. 자신이 지은 책들을 더 이상 출판하지 못하도록 유언으로 남기고, 사리 한 알마저도 진실의 가면이 될까 두려워, 한 줌의 재조차도 온전하게 무로 만드시고, 중생들에게 무소유의 행복을 설파하면서 스스로 무소유로 살다 가신 법정 스님이 정말이지 그립다.

우리 세대에 사랑의 성자가 누구냐고 물으면 바로 튀어나온다. 그 이름 거룩한 마더 테레사 수녀님! 이분은 설교를 잘해서, 말을 잘해서, 글을 잘 써서, 외모가 아름다워서, 머리가 천재여서, 돈이 많아서, 지위가 높아서 성인으로 추앙받은 것이 아니다. 낮은 곳에서 진실된 사랑을 몸소 실천했기에 존경과 사랑을 받는 위인과 성인이 되신 것이다.

어느 해인가, 세계적으로 유명한 잡지 편집장 한 분이 수녀님을 찾아와서 수녀님의 이름으로 사랑과 관련된 책을 냈으면 좋겠다는 제안을 하였다. 수녀님은 말씀하신다. "사랑은 자랑하기 위해 존재하는 것이 아니다. 사랑이 글로 표현되면 그 사랑의 순수성과 본질이 훼손된다. 또한 나에게는 그렇게 내세울 만한 사랑도 없다." 그 편집장은 돈벌이가 보장될 뻔한 책 내는 일을 포기하고, 대신 한 가지를 여쭌다. 그렇다면 수녀님, 세상에서 가장 큰 사랑은 무엇일까요? "내가 말한 것이 아무리 사소하고 하찮은 것일지라도, 내가 말한 것을 실천하는 것이지요!"

도덕적으로 훌륭한 어른들을 본받자. 또한 이름도 남김없이 음지에서 주변을 따뜻하게 보듬어 주는 참 어른들을 본받자. 나부터 본을 받고 실천하면 가정도, 사회도, 인간관계도 나아질 것이다. 인간관계의 본성을 회복하기 위해서는 본을 배우고 본을 받으면서, 조금씩 실천의 강도를, 실천의 폭을 강하고 깊게, 넓게 확장하면 되지 않을까 한다. 인간성 회복 운동이 다름 아닌 나를 살리는 운동이고, 내 가정을 지키는 운동이고, 내가 속한 이 사회를 건전하게 만드는 정신운동이다.

제 10 장

LET'S Win-Win 인간관계

- 인간관계, 기본이 중요하다.
- 비결 1: Let's love(서로 사랑하자)
- 비결 2: Let's esteem(서로 존중하자)
- 비결 3: Let's trust(서로 신뢰하자)
- 비결 4: Let's succeed(더불어 성공하자)

제10장 LET'S Win-Win 인간관계

■ 인간관계, 기본이 중요하다.

LET'S! 인간관계? 다소 생소하게 들릴지 모르겠으나, 필자의 제1 실천과제이자, 생을 마감하는 순간까지 동행하기로 마음먹은 최고의 가치 중 하나이다. LET'S는 나에게 커다란 기쁨과 만족을 주었으며, 지금의 나를 만들어 준 소중한 정신적 자산이다. 만물의 이치는 기본이 튼튼해야 바로 설 수 있다. LET'S는 바람직한 인간관계 형성의 기본이다.

LET'S는 Love, Esteem, Trust, Success 머리글자의 조합이면서도, 중학생 시절부터 즐겨 배웠던 청유형 '함께 ~하자'의 영어 단어 Let's 이다. 인간은 사회적 동물이기에 더불어 살아가야 한다. 그래서 Let's가 중요하다. 더불어 잘 살기 위해 갖추어야 할 기본은 무엇이 있을까? 필자는 삶의 현장 체험을 통해서, 좋은 인간관계를 주고받기 위해서는 최소한 LET'S가 필요하다는 사실을 깨닫게 되었다.

LET'S의 가치를 찾고 나서 나부터 바꾸기 시작했다. 나부터 변하다 보니, 자신은 물론 가정이나 직장 생활을 비롯한 모든 사회관계 일상에서 발생했던 문제와 악연들이, 뒤엉킨 실타래가 술술 풀리듯 해결되는 놀라운 경험을 체험하였다. 행복한 인간관계를 위해서는, '서로 사랑하고, 서로 존중하고, 서로 신뢰하고, 그 결과 서로 win-win 하는 것'이 필자가 찾은 바람직한 인간관계의 기본이다.

■ 비결 1: Let's love(서로 사랑하자)!

사랑이란 어떤 사람이나 존재를 몹시 아끼고 귀중히 여기는 마음이다. 기록문화가 탄생한 이후로 종교, 철학 및 사상 측면에서 사랑을 주제로 끊임없는 연구가 계속해서 이어지고 있다. 사랑은 유사 이래로 사회 공동체를 지탱해 주는 핵심 가치로 인식되고, 실천이 강조되었다. 이 자리에서는 필자가 사랑 행위라고 믿고 실천했던, 그래서 인간관계에서 나름대로 빛을 발했던 그 경험 속의 사랑 행위들을 공유하려고 한다. "우선 사랑은, 나를 먼저 사랑하는 것이다. 다음으로 사랑은, ~척이나 ~체하지 않는 것이다. 마지막으로 사랑은, 실천하는 것이다."

• 사랑은 나를 먼저 사랑하는 것이다.

"나를 사랑한다. 나를 칭찬한다. 나를 자랑스럽게 여긴다. 나에 대한 자부심을 갖는다." 이 말들을 수시로 마음속으로 읊어야 하고, 한시도 거리를 두어서는 안 된다. 나를 사랑하지 않고서는 남을 사랑할 수 없는 법이다. 사랑이 뭔지도 모르면서 어떻게 남을 사랑한단 말인가? 그것은 가식으로 포장된 위선일 뿐이다. 나의 소중함을 알 때, 남도 귀하다는 사실을 비로소 깨닫게 되는 것이다.

조국을 위해 목숨을 바친 애국선열들은 한결같이 자신을 사랑한 분들이었다. 먼저 자신을 사랑했기에 동포를 사랑하는 마음이 샘솟았고, 나라의 독립을 이루기 위해 그토록 사랑했던 하나뿐인 목숨마저 바칠 수 있었다. 또한 그 어머니는 자식을 사랑했기에 형장의 이슬로 사라지게 될 아들을 보내면서도 '장한 아들' 하면서 사랑으로 화답한 것이다. 나를 진정으로 사랑하지 않고서는 감히 자신의 목숨을 조국을 위해 바칠 수 없는 노릇이다. 나를 사랑하는 진정성 위에 비로소 사랑 행위는 빛을 발한다.

가장 소중한 것이 제단에 바쳐진다. 그토록 소중한 목숨을 인류를 위해 바친 성자의 삶, 바로 현세에서 일어난 십자가의 사랑이다. 발 디디고 있는 이 자리, 나와 이웃이 공동체인 현세를 먼저 사랑해 본 경험이 없는 사람은 보이지 않는 내세의 사랑을 운위할 자격이 없다고 확신한다. 나를 사랑하고 보니 곁에 있는 동료도 사랑하게 되고 이타적인 사랑을 통해 현세에 사랑 공동체가 만들어지고, 죽어서는 그 사랑의 열매로 영생을 보장받는 것이 아닐까. 나를 사랑하는 것은 실천적 이타적 사랑을 실천하는 시작점이 된다.

• 사랑은 '~척'이나 '~체'하지 않는 것이다.

세상 도처에 '~척'하는 문화가 만연해 있다. 특히나 '모른 척, 못 들은 척, 못 본 척'하는 세태로 인해 정상적이어야 할 질서 체계가 무너지고, 사회는 어지러워진다. 직장에서 인사 총괄 임원직을 수행하다 보니 문제가 발생한 사업장을 방문하는 일이 많았다. 확인해 본 결과, 현장 문제 발생의 주요인은 관리자들이 본연의 임무를 원칙대로 수행하지 않고, '~척'하는 잘못된 행동에 기인한다는 사실을 확인할 수 있었다.

직장 내에서 관리자들이 잘못을 저지른 직원을 발견하게 되면 보는 즉시 무엇이 문제이고 무엇이 잘못되었는지를 반드시 이해시키고 시정 조치를 취해야 함에도, 남의 일처럼 '보고도 못 본 척, 들어도 못 들은 척, 알아도 모른 척' 일부러 외면해 버린다. 그러다 보니 방귀 뀐 놈이 성낸다고 잘못을 저질러 놓고도, 질서를 훼손했으면서도 오히려 당당하게 잘못한 것이 없다는 듯 항변까지 한다. 적반하장도 유분수다.

자녀 문제도 이와 크게 다를 바 없다. 잘못하면 즉시 시정해 주어야 한다. 잘못을 인지했음에도 못 본 척하거나, 못 들은 척하거나, 모른 척하게 되면, 잘못을 저지른 자식은 뉘우치기는커녕 잘못을 당연한 것으로 입력하고, 나중에는 더 큰 잘못이라도 거리낌 없이 행하게 된다. 그러한 상황이 반복되면 잘못된 행위가 당연한 관행이 되어 마치 잘못이 정상인 것처럼 일상을 지배해 버리고 만다. 한번 맛이 들여진 나쁜 습관은 평생을 따라다니는 족쇄가, 멍에가 되고 만다. 그래서 사랑의 매가 존재하는 것이고, 진실한 사랑을 요구하는 것이다.

아파트 단지 내 이웃 주민들끼리 조그만 소모임이 있었다. 그런데 멤버인 40대 초반의 주부가 어렵사리 임신한 아이를 유산하고 만 안타까운 일이 발생했다. 멤버들은 가정을 방문하여 상처받은 주부에게 위로의 말을 건네며 아픔과 슬픔을 함께 나누었다. 겉으로는 정이 흘러넘치는 아름다운 모습으로 보였다. 그 안에는 미국인 선교사 부부도 있었다. 문제는 집을 나와서 미국인 선교사 부부와 헤어진 이후에 벌어졌다. 누구랄 것도 없이 유산한 부인의 흉을 보기 시작하는데, '그 나이에, 꿈도 야무지지, 행실은 어떻고, 그럴 줄 알았지' 등등의 뒷담화가 이만저만이 아니었다.

한편 미국인 선교사 부부는 곧 임무를 마치고 본국으로 돌아갔다. 한참이 지난 어느 날, 유산의 아픔으로 시름에 빠져 있던 주부의 아파트 우편함에는 조그만 선물 꾸러미 하나가 놓여 있었다. 그 미국인 선교사 부부가 아픔을 보듬어 주는 위로 편지와 함께 마음을 담은 따뜻한 사랑의 선물을 보내준 것이다.

'~척'하고 '~체'하는 조직이나 가정, 사회에서는 인간관계가 좋을

리 만무하다. '~척'하는 가짜 사랑 표현은 자신은 물론 타인, 가정과 직장, 그리고 사회를 멍들게 한다. '~척'하지 않는 것이 서로를 진심으로 사랑하는 것이고, 조직과 사회를 아름답게 만드는 건전한 인간관계의 요체이다. 사랑 행위랍시고 가식으로 위장하면 절대 안 된다. 가식 없이 있는 그대로 드러낸 진실한 사랑 행위, 그것이야말로 바람직한 인간관계의 첩경이다.

• 사랑은 실천하는 것이다.

"부모님 사랑합니다. 아내여 사랑해요. 애들아 사랑해. 이웃을 사랑합니다. 서로 사랑합시다." 한때 최고의 인기 광고 멘트 "선영아, 사랑해"까지. 유행가 가사마다 사랑 또 사랑. 나라 사랑. 믿음 소망 사랑, 그중에 제일은 사랑이라. 갓 내려 수북이 쌓여 있는 눈꽃처럼, 아니 연인과 함께 맛보는 솜사탕처럼 달콤하고 포근한 아름다운 세상이고 살맛나는 세상의 표현들이다. 온 세상이 곧 사랑 천국이 될 것 같은 착각마저 든다. 이 얼마나 기다리고 갈망하던 유토피아의 세상인가?

그런데 말입니다! 말로는 사랑 풍년인 세상인데, 실제로 우리네 현실은 사랑이 점점 고갈되어 가는 것 같아 안타깝다. 사랑의 표현들이 증가하면 증가할수록 사랑의 참모습들은 자취를 감추어 버린다. 알다가도 모를 일이다. 물론 전체적으로 보면 사랑이 넘치는 세상임에는 틀림이 없다. 사람이 개를 물어야 뉴스거리가 되듯이, 보편적인 사랑 행위들은 겉으로 드러나지 않으면서 넓게 우리 사회 전체를 아우르고 있다. 그렇기에 세상이 운행을 지속하는 것이다.

하지만 가볍게 볼 문제만은 절대로 못 된다. 바닷물은 1kg의 물속에 약 35g의 염류 물질이 녹아 있다. 대강 3%가 조금 넘는 수치이다. 그런데도 민물이 아니고 짠 바닷물이다. 인간과 침팬지는 DNA 염기서열의 97%가 일치한다. 차이는 단 3%뿐이다. 누가 침팬지를 인간이라 부르는가? 액체 상태의 물과 고체 상태의 물은 같은 물 성분이지만 무수히 많은 소수점 이하의 온도 차이로 인해 물질의 형태를 달리한다. 자연의 이치로 보면, 우리네 사랑 결핍 수준은 심각 단계를 이미 넘어서고 있다.

그 이유는 뭘까? 말과 행동이 거꾸로 가기 때문이다. 말은 많은데 실천이 없는 것이다. 사랑에 대가를 바라기 때문이다. 누구를 탓할 것도 없다. 속내를 들여다보면 나부터 잘못이다. 내가 진정으로 사랑을 실천했다고 자신할 수 있겠는가? 변명하겠지. 다른 사람보다는 낫다고 말이다. 그 낫다고 하는 잣대는 도대체 누가 어떤 기준으로 만든 것인가? 자기변명의 도구에 불과하고, 위안거리일 뿐이다. 평생을 이어 달려야 하는 달리기의 총길이에 견준다면 오십 보 백 보다. 차이가 없다는 말이다. 닥치고 나부터 사랑을 실천할 때이다.

■ 비결 2: Let's esteem(서로 존중하자)!

사람은 남에게 존중받고 있다는 사실에 가장 큰 만족감을 느낀다. 존중과 만족의 상관관계를 경험한 사람이라면 존중을 주고받는 삶에 스스로 동화될 수밖에 없다. 상호 존중의 인간관계를 유지하기 위해서는 3가지 실천 덕목이 필요하다. "첫째, 상대방의 다름을 인정하는 것이다. 둘째, 역지사지의 자세로 상대를 배려하는 것이다. 셋째, 자신을 낮추는 겸양의 자세이다."

• 존중은 다름을 인정하는 것이다.

'다르다'는 것과 '틀리다'는 것은 근본이 다르다. 다름은 사회 공동체가 공인한 것이고, 존경의 대상이면서 아름다운 것이다. 세상에 어느 것 하나 똑같은 것이 없다. 서로 다름을 바탕으로 서로가 융합함으로써 인류가 유지 발전을 지속하는 것이다. 미국의 전직 대통령인 오바마는, "민주주의는 획일을 요구하지 않는다(Democracy does not require uniformity)"라는 유명한 연설로 심금을 울렸다.

다름을 인정할 때 세상은 불화가 아닌 화해가 싹튼다. 전쟁이 아닌 평화가 깃든다. 상생하는 이타적인 인간관계가 형성된다. 조각 퍼즐을 맞추는데 각기 모양이 다르다. 모양이 다르기에 조각을 맞출 동기가 생기고 재미로, 놀이로 즐거움이 배가되는 것이다. 존중하는 마음은 다름을 인정하는 토양 위에서만 가능하다.

• 존중은 역지사지이다.

역지사지(易地思之)란 '상대방의 처지나 입장에서 생각하고 이해한다'는 뜻이다. 역지사지는 서구식 표현인 공감 능력과도 같은 말이다. 세상일에는 단답형 질문에 답하듯이 딱 떨어진 것은 실재하지 않는다. 각자 처한 환경이 다르고, 대처해야 하는 상황이 다르고, 상황을 맞이하는 생각이 다르다. 그러므로 다른 결정, 다른 생각을 하는 것은 너무도 당연한 일이다.

그런 사회에서 역지사지 마음으로 상대방과 눈높이를 맞추면 행복하고 편안해진다. 바둑 1단의 프로가 1급 수준인 아마추어와 바둑을 둔다면, 프로는 아마추어와 눈높이를 맞춰서 몇 점을 접어주고 둔다. 마찬가지로 인생도 상대방의 눈높이로 자기를 낮춰서 상대를 존중해 주면, 덤으로 더 큰 존중을 받는 것이 역지사지의 선물이다.

공장 생산 현장에서 일어난 일이다. 생산 책임자와는 더 이상 근무를 못 하겠다는 소원 수리가 접수되었다. 내용을 확인해 보니, 별것도 아닌데 오해로 인해 생긴 문제였다. 상사가 회의 때나 일상 업무 지시 때나 시도 때도 없이 혀 꼬부라진 영어를 사용해서 도무지 이해할 수 없다는 이유였다. 물론 소원 수리의 본질은 자신이 현장 작업자라고 무시를 당하는 것 같아서 같이 일할 수 없다는 것이었다.

문제의 상사는 영어도 능통하고 업무 수행 능력이 뛰어난 유능한 간부였다. 실력을 뽐내려고 일부러 영어를 섞어 사용할 만큼 막돼먹은 사람은 더구나 아니었다. 그는 상대가 누구든지 간에, 습관처럼 해오던 일이라서 대수롭지 않게 행동한 것이다. 문제는, 나에게는 한없이 사소한 행동일지 모르겠으나 상대방은 상종하기도 싫은 인격 무시 행위로 심각하게 받아들인다는 사실이다. 바로 상대방과 눈높이를 맞추려는 역지사지의 배려심이 부족한 것이 결정적인 단점이고 문제였다.

• 존중은 자신을 낮추는 것이다.

익은 곡식은 고개를 숙인다. 낭중지추(囊中之錐)라는 말도 있다. 주머니 속의 송곳이라는 뜻으로, 뾰족한 송곳은 가만히 있어도 반드시 그 끝이 밖으로 드러나게 되어 있다. 뛰어난 재능을 가진 사람은 드러내지 않아도 돋보인다는 말의 비유이다. 존중도 마찬가지이다. 존중은 스스로 드러나게 되는 것이고, 뒤에 웅크리고 있다가 자신을 낮추어 고개를 숙일 때 비로소 보이는 것이며, 내가 아닌 타인을 인격적으로 받들 때 빛을 발산하는 것이다.

청소년기에 〈낮은 데로 임하소서〉라는 영화를 감동 깊게 본 아련

한 기억이 있다. 하늘 높은 줄 모르고 위만 보고 달렸던 한 젊은 엘리트는 어느 날 시력을 완전히 잃고 가족과 사회로부터 버림받는 신세가 된다. 시력을 잃고 노숙자 신세가 되었을 때, 두 눈 뜨고도 보지 못한 새로운 세상이 보이기 시작한다. 눈이 없는데도 볼 수 있는 기적이 일어난 것이다. 눈이라고 하는 소중한 것을 잃고 보니, 그리고 낮은 곳에 임하고 보니 비로소 행복한 세상이 보인다고 고백하고 있다. 여기에서 '낮은 곳으로 임하소서'는 고개 숙여 자신을 낮출 때 비로소 존중하는 마음과 감사하는 마음이 생긴다는 뜻이리라.

하나님은 세상을 창조한 신이면서도 인간을 긍휼히 여긴 나머지 자신을 낮추어 인간의 모습으로 이 땅에 태어났다. 현세의 부모는 찢어지게 가난하여, 그 아들은 불결하기 짝이 없는 마구간 구유에서 태어났다. 더구나 아비 없이 태어난 사생아라고 놀림도 받았다. 돈이 없어 제대로 된 교육도 못 받고, 만나는 사람들이라고는 거처할 곳조차 넉넉지 못한 가난하고 천한 하층민 백성들이 전부였다. 끝내는 기득권층의 시기와 모함으로 인해 가장 흉악한 범죄를 저지른 자에게만 사용되었던 십자가에 못 박혀 죽기까지 했다.

바로 예수님의 생애다. 인간의 눈으로 볼 때, 이 이상 더 비참한 삶이 가능할까? 기독교 신자가 아니라 할지라도 예수님의 삶의 면면을 보면 고개를 숙이지 않을 수가 없다. 가장 낮은 가난한 곳에서, 가장 낮은 겸손한 마음으로, 가장 낮은 아픈 이웃과 함께 살아 온 삼위일체 하나님의 실제 모습이다.

서로 다름을 인정하고 배려하는 마음, 역지사지로 상대방의 처지까지 헤아려 주는 마음, 자신을 낮추어 화합하고 더불어 동행하고자 하는 따뜻한 마음들이 존중을 통한 아름다운 인간관계를 만드는 핵심 가치들이다.

■ 비결 3: Let's trust(서로 신뢰하자)!

신뢰를 뜻하는 영어 단어 trust는 원어에 '편안하다'는 뜻을 내포하고 있다. 서로 믿고 신뢰하면 배반의 걱정도 없고, 상대가 흑심을 품지나 않을까 두려워할 이유도 없다. '신뢰가 바탕이 되어야 편안한 사회가 된다'는 말이다. 하지만 우리는 믿지 못하는 세상에 살고 있다는 사실을 감히 부정할 수 없다.

어떤 이는 자식도 믿지 말라고 한다. 재산이 있거들랑 죽을 때까지 꼭 붙들고 있으라고 한다. 효도는 고사하고 버림받지 않으려거든, 남길 재산이 없다면 텅 빈 통장이라도 몇 개 비치해 놓고, 있는 것처럼 거짓 행세라도 해야 한다고 한 수 가르쳐 준다. 내 몸에서 난 자식도 믿지 말라니, 참으로 불행하기 짝이 없는 불신의 세상에 살고 있음이 틀림없다.

불신의 거미가 사방에 거미줄을 치고 신뢰의 인간관계를 훼방 놓고 있다. 어떻게 해야 신뢰의 사회가 될까? "첫째, 신뢰는 주고받는 관계이다. 내가 먼저 신뢰의 손길을 건네야 한다. 둘째, 신뢰에는 반드시 책임이 따른다. 책임을 지는 태도가 신뢰를 공고히 한다."

• 신뢰는 주고받는 것이다.

신뢰는 주고받는 것이다. 나부터 상대방을 믿어야 한다. 내가 보낸 믿음으로 인해 상대방의 신뢰를 받게 되는 것이다. 내가 상대방에게 의심의 눈길을 조금이라도 보이기 시작하면 벌써 얼굴과 눈에 확연히 드러난다. 의심을 받고 있다고 생각하는 상대한테서 신뢰를 기대하는 것은 어불성설이다. 오히려 불신만 가중시켜 일을 그르치고 만다.

경영학에 나오는 게임이론인 '죄수의 딜레마(Prisoner's Dilemma)'에 보면, 인간은 어쩔 수 없이 불안 속에서 불신을 기저에 깔고 사는 것 같다. 죄수의 딜레마를 간단하게 설명하면 다음과 같다(윤석철, 《계량적 세계관과 사고체계》, 1999). "경찰에 체포된 두 공범자가 있다. 이 둘은 각각 독실에 분리되어 취조를 받고 있다. 여기서 둘이 다 같이 실토하면 각각 8년씩 감옥살이를 하게 된다. 그러나 둘 다 중요한 부분을 실토하지 않으면 각각 1년만 감옥살이를 하게 된다. 한 사람이 실토하고 다른 사람은 실토하지 않으면 실토한 사람은 3년,

감춘 사람은 10년의 감옥살이를 하게 된다.

이런 상황에서 두 죄수는 어떻게 행동할 것인가? 죄수 1은 죄수 2가 어떤 행동을 할지 모르는 상황에서 자신의 행동을 결정해야 하기 때문에 죄수 2의 선택이 자신에게 미치는 영향을 동시에 고려해야 한다. 죄수 2가 실토한다면 죄수 1은 사실을 감춤으로써 10년의 감옥살이를 하든가, 아니면 자기도 실토함으로써 8년의 감옥살이를 하게 된다. 죄수 2의 경우도 마찬가지이다. 보수적인 관점에서 죄수 1은 실토하는 것이 감추는 것보다 더 우월적인 전략이 된다. 마찬가지로 죄수 2도 실토하는 것이 더 낫다. 이처럼 두 죄수가 모두 실토할 경우 두 사람은 각각 8년씩 감옥살이를 하게 된다. 그런데 두 죄수가 모두 주요 범죄사실을 감출 경우 1년만 옥살이를 할 수도 있다. 즉 두 죄수는 모두 1년만 감옥살이를 할 수 있는데도 보수주의 기준을 가정하는 게임이론에 따라 8년씩 감옥살이를 하게 하는 딜레마에 빠진다."

지금 세상은 공포와 불안의 늪에 빠져 있다고들 한다. 어떻게 해야 편안한 상태인 신뢰 관계를 회복할 수 있을까? 죄수의 이론도 공포와 불안 상태에서는 상대방을 믿지 못할 가능성이 크다는 것이고, 상대방을 믿지 못하면 같이 공멸한다는 주장이다. 죄수의 비유면 어떠랴? 어찌 보면 신 앞에 죄수 아닌 인간이 어디 있겠는가? 해답은, 2년 더 옥살이를 할 수도 있는 손해를 감수하고, 일단 내가 먼저 신뢰를 보내는 것이다. 그럴 때 그 신뢰는 반드시 더 큰 신뢰로서 답장을 보내오기 때문이다. 신뢰 하나로 8년이 1년으로 단축되는 선물 말이다.

• 신뢰에는 책임이 따른다.

책임이 수반되지 않는 신뢰는 공허한 메아리에 불과하다. 책임지는 모습이란, 잘못은 내 탓으로 돌리고, 잘한 것은 아랫사람과 공을 함께 나누는 것이다. 선공후사도 마찬가지로 신뢰를 주고받는 책임자의 자세이다. 과거 전국시대에는 신뢰를 목숨보다 중하게 여겨서 주군을 위해 초개와 같이 목숨을 바친 장수가 부지기수였다. 조폭 세상에서마저도 자기를 믿어주고, 자신은 물론 심지어 가족까지 챙겨주고, 부모상에 사흘 밤낮을 같이 하며 아픔까지 함께 보듬어 주는 보스한테는 죽음까지도 헌납할 각오로 충성을 맹세한다고 한다.

건강한 신뢰 관계는 일단 믿었으면 맡기고, 맡겼으면 책임까지도 질 줄 아는 것이다. 공과 사를 분명히 하는 것이다. 성숙한 인간관계를 위해서는 불신의 불안한 상태가 아닌 신뢰의 편안한 상태가 쌓이도록 노력해야 한다. 인간관계를 단단히 하는 것, 신뢰만큼 튼튼한 동아줄도 없다.

■ 비결 4: Let's succeed(더불어 성공하자)!

LET'S의 결론은, 나 혼자가 아닌 더불어 성공하는 상생의 길로 가자는 것이다. LET'S 인간관계를 통해서 아름다운 세상, 행복한 세상, 살맛나는 세상을 함께 만들어 가자는 것이다. 그런 세상에 산다는 것 자체가 나의 성공이자, 너의 성공이고, 우리 모두의 성공이니까. LET'S는 삶을 살아가는 동안 동행해야 하는 올바른 인간관계의 소중한 가치임이 분명하다.

국내 대기업 중에 매우 특이한 기업이 있다. 사훈이 인화(人和)이다. 흡사 전쟁과도 비견되는 경쟁이 기업의 속성이라 할지라도, 근본인 인간관계를 중시한다고 한다. 학교가 문득 떠오를 것이다. 인간관계의 뿌리는 가족이다. 그래서인지 형제간의 우애를 하늘처럼 받들고 산다. 장자가 아들이 없으면 차남의 아들을 양자로 입적시켜 후계자로 삼는다. 그러하니 가족 간에 재산 분쟁이 존재하지 않는다.

창업도 특이하게 두 성씨가 함께 했다. 두 성씨가 공동으로 창업하여 수십 년간 기업을 함께 했으면서도 불협화음이 있었다는 얘기를 들었거나, 본 적이 없다. 기업이 성장하여 최고가 된 연후에는 서로 양보의 미덕을 발휘하여 두 성씨는 전략적인 차원에서 사업 분리를 선언하고, 각자의 사업 영역을 존중하여 업종 내 경쟁을 피하고 화합과 협력 관계를 유지하면서 각자 업계 최고가 될 수 있도록 상호 격려를 아끼지 않는다.

경영학에서는 아주 특이한 성공 사례로 주요 연구 대상이 된 기업의 얘기이다. 인성과 관계를 중시하는 기업, 한국인이라면 말 안 해도 이미 파악했을 것이다. 바로 LG의 전신인 럭키금성그룹의 얘기이다. 아무나 할 수 없는 존경받아 마땅한 상생(win-win)의 모범 사례이다.

Let's는 강요가 아니다. 함께 하자는 공동체적 표현이다. 특히 LET'S 인간관계를 실천할 주체로 이 땅의 젊은 세대에 거는 기대가 크다. 조선 초기 무장 남이 장군은, '백두산석 마도진이요(백두산 돌을 갈아 가루로 만들고), 두만강수 음마무라(두만강 물을 다 마시고 없앨 만큼 기세 높으니), 남아이십 미평국이면(사내로 태어나 나이 이십에 나라를 평안하게 하지 못하면), 후세수칭 대장부라(후세에 어찌 대장부라 하겠는가)'라고 외쳤다. 장군의 시 〈북정가(北征歌)〉로 필자가 젊은 날 마음을 다잡고자 할 때 특별히 애송했던 시다. 기세 하면, '역발산 기개세(힘으로는 산을 뽑을 만하고, 기운은 세상을 덮을 만하다)'의 초패왕 항우라 하지만, 남이 장군의 기세 또한 그에 못지않다.

일찍이 남이 장군이 대표가 되어 대한민국 젊은이의 호연지기를 노래한 것이리라. 아무튼 앞으로의 역사를 이끌 무대의 주역은 바로 젊은이들이다. IT 분야에서 최고인 한국 젊은이들이 탁월한 두뇌를 활용하여 인간관계의 공멸(lose-lose) 프로그램을 과감히 폐기하고, 상생(win-win) 프로그램인 LET'S 인간관계 소프트웨어를 새롭게 장착해 주기를 기대한다.

제 11 장

참 리더의 우상

- 리더의 우상(Idol)
- 실천하는 리더십을 본받다

제11장 참 리더의 우상

■ 리더의 우상(Idol)

다 아는 얘기이지만, 리드(lead)는 앞장서서 남을 이끈다는 의미이다. 리더는 조직이나 단체 따위에서 전체를 이끌어 가는 위치에 있는 사람을 뜻한다. 리더십은 무리를 다스리거나 이끌어 가는 지도자의 능력과 자질을 의미한다. 서점에 가보면, 리더나 리더십과 관련된 서적들이 차고 넘친다. 책의 내용을 읽다 보면 나도 모르게 무릎을 탁 치게 되고, 지당한 말씀이라고 연신 맞장구로 응수하기에 부족함이 없다. 무슨 연유로 이런 종류의 책들이 많이 소개되는 것일까? 아마도 훌륭한 리더가 되고 싶은 인간의 욕구에 대한 갈증을 해소해 주고, 한편으로는 존경하고 싶은 진짜 리더를 갈망하는 바람이 아닐까 싶다.

한국인이라면, 진정한 리더로 이순신 장군을 맨 처음 꼽는 데 주저함이 없을 것이다. 장군은 12척의 배로 수백 척에 이르는 적선을 괴멸시키고 모든 해전에서 연전연승하여 나라를 수호하는 일에 큰 공을 세웠기에 역사상 최고의 영웅으로 추앙받고 있다. 지금도 장군의 혼과 정신이 숨 쉬고 있을 현충사에는 장군을 추앙하고 그 정신을 기리고자 남녀노소 할 것 없이 발길이 끊이지 않고 있다. 그런데, 왜 리더를 생각하는 데 장군이 맨 먼저 떠오를까? 바로 리더로서 필요한 기본 자질을 모두 갖추고 리더십을 몸소 실천했기 때문이다. 장군이 그토록 존경받는 것은 나라를 지킨 전쟁 영웅이기도 하지만, 본질을 들여다보면 내면에 흐르는 훌륭한 인간 됨됨이가 바탕이 된 실천궁행(實踐躬行)에 있다.

장군은 아마도 생전에 영웅이라 칭함을 받기보다는 솔선수범의 리더십을 갖춘 리더로 불리기를 더 좋아했을 것이다. 흔히들 사람을 '난사람', '든사람', '된사람'으로 구분한다. 장군에 비교하자면 무장으로서의 특출한 역량을 갖춘 '난사람'이었고, 학문과 지식이 출중했으나 잘난 체하지 않은 '든사람'이었고, 우러러 볼 수밖에 없는 훌륭한 인품을 갖춘 '된사람'이었다. 인간성, 가족관계 및 인간관계에 있어서 귀감이 되는 바른 성품의 전인격인이었다. 자신보다는 나라를 먼저 생각하고 부하들의 안위에 더 많은 신경을 쓴 선공후사의 사표였다. 시기와 질투, 이간질로 인해 몇 번이나 무고한 피해자가 되어 실망과 분노가 극에 치달을 법도 했건만, 언제나 평정심을 잃지 않고 주어진 과업에 묵묵히 매진하였다. 무인이지만 학문 연마도 게을리 하지 않아 삶과 죽음의 경계가 모호한 전장에서도 책을 멀리하지 않고, 붓을 가까이하여 글쓰기를 멈추지 않았다. 목표를 이루기 위하여 사색과 생각을 한시도 멈춘 적이 없었고, 일과를 마무리하면서 잘잘못에 대해 스스로 경계하였다.

장군에 대한 평가는 교언영색(巧言令色)의 말장난이 아니라 실제 사실에 근거한 것이다. 그런 분이니, 충청도 유생들이 앞장서서 장군이 서거한 후에 '충절과 인품을 기리자'고 현충사 사당을 세웠다. 왜적과의 전쟁에 연신 패배하여 국민의 절망이 극에 달한 때에, 장군이 다시 부임했다고 하니 뭇 백성들이 구름처럼 몰려들어 장군과 함께라면 죽음도 불사하겠다는 굳은 결의를 맹세했다. 장군은 스스로 죽음을 바쳐서라도 반드시 이겨야 한다는 사즉생의 각오로 전장 맨 선두에 서서 적과 싸우다가 현장에서 장렬하게 순국하였다. 전쟁을 지휘한 무장이었지만, 직접 쓴 난중일기에는 평범하고 소탈한 인간 이순신의 순수함이 진하게 배어 있다. 심지어 당파 싸움으로 사약을 주고받던 극한 대립의 시절에도 반대 진영에 선 조정 대신들조차 장군의 인간 됨됨이와 충절에는 찬사를 아끼지 않았다.

참 리더인 장군이 후손들에게 전하고자 하는 메시지는 무엇일까? "솔선수범하라. 리더가 되기를 바라거든 먼저 인간이 되어라. 남을 리드하기에 앞서 자신을 먼저 리드하라."

■ 실천하는 리더십을 본받다.

나는 후배들에게 '리더십' 강의를 시작하기 전에 꼭 우리나라 배구계를 대표하는 신치용 감독님의 인터뷰 기사를 먼저 읽어 준다(매일경제 기사 참조). 인간관계 혹은 리더십에 대한 표현은 직접 언급하지 않았지만, 그 안에는 신치용 감독의 인간관계와 리더십에 관한 철학과 생각이 구구절절이 포함되어 있고, 스스로 몸에 체화하여 실천하고 있음을 한눈에 알 수 있다. 이 인터뷰 내용에는 리더가 갖추어야 할 기본적인 인간관계론과 리더의 자질이 완벽하게 포함되어 있다. 교육 철학과 리더십 관련 책 몇 권을 읽은 것 이상의 깊이와 감동이 있다. 필자도 본받았다. 우리 모두 본받을 일이다.

질문 삼성화재 배구팀이 왜 강한가?

답변 나는 선수들에게 '기본'을 갖추라고 주문한다. 프로배구선수라면 좋은 경기를 해서 가족을 책임져야 한다. 그런데 좋은 경기를 하려면 '좋은 훈련'을 해야 한다. 이는 '올바른 생활'이 바탕이 되어야 한다. 물론 근저에는 '좋은 생각'이 있을 것이다. 이것이 '기본'이다. 또 나는 우리 팀만의 끈끈한 '팀 문화'를 강조한다. 선수 개개인을 '존중'하고, 일이 잘못되면 남의 탓으로 돌리지 말고, 마음을 열고 토론할 수 있도록 '배려'했더니 선수들은 자연스레 따라왔다. 이것이 우리 팀만의 '문화'로 정착되어 팀이 끈끈해지고 강해질 수밖에 없다.

질문 어떻게 솔선수범하나?

답변 나는 오전 6시 50분 출근을 '한 번도 어긴 적이 없다'. 7시가 되면 선수들의 체중을 확인하고 7시 20분엔 선수들과 함께 식사를 한다. 이는 팀 창단 이후 계속 내려온 '전통'이다.

질문 **경기 때 큰 소리를 내지 않는데...**

답변 우리 팀은 연습이 많이 돼 있어서 그렇다. 경기에 뛰는 선수들이 잘못하면 작전 시간에 '너 왜 그래' 한마디면 충분하다. '스스로' 자신이 무엇을 잘못했는지 다 알고 있기 때문이다.

– '신치용 감독 "적장 김호철이 나를 강하게 했다"', 매일경제, 2010.05.13

"용장 밑에 약졸 없다." 신치용 감독은 1995년부터 2015년까지 삼성화재 배구팀의 감독을 맡으면서 누구도 넘볼 수 없는 최다 우승의 장본인이었다. 그는 국가대표 코치와 감독을 맡아 국위를 선양하였고, 현재는 국가대표종합훈련원 선수촌장을 맡으면서 스포츠 발전에 큰 공헌을 하고 있다. 그의 인터뷰 내용에는 단 한 글자도 불필요한 군더더기가 존재하지 않는다. 말이 아닌 실천으로 보여주는 한 사람의 참 리더가 그 조직에 기본을 구축하고, 성공 DNA를 창출하여 문화로까지 정착시키는 놀라운 역사를 만들어 냈다.

이 모든 성과는 그의 서번트 리더십(Servant Leadership) 덕분이다. 참고로 서번트 리더십은 미국의 그린리프(Greenleaf)가 창안한 리더십 모델로서 산하의 조직원과 목표를 공유하고, 조직원들의 성장을 도모하면서, 리더와 조직원 간의 신뢰를 형성시켜 궁극적으로 조직의 성과를 달성하게 하는 리더십 이론을 말한다. 서번트 리더십을 우리 식으로 표현하면 솔선수범 리더십이 아닐까 싶다.

한때 세계 최고의 기업인 마이크로소프트는 침체된 조직 분위기를 쇄신하고 경영 위기 상황을 돌파하기 위하여 보수적 리더십의 대표격인 스티브 발머(Steven A. Ballmer)를 해임하고, 후임 CEO로 혁신적 리더십을 주창하던 사티아 나델라(Satya N. Nadella)로 교체하였다. 그로 인해 마이크로소프트는 조직에 새로운 혁신의 바람을 불러일으키면서 제2의 전성기를 구가하고 있다.

구글도 마찬가지 사례이다. 구글은 2015년 당시 40대 초반이던 젊은 리더 순다르 피차이(Sundar Pichai)를 새로운 CEO로 앉히면서, 성장통으로 자칫 매너리즘에 빠질 수 있었던 조직을 단기간 내에 창의적인 조직문화로 복원시켜 면모일신에 성공하였다. 두 회사 모두 그저 한 사람의 리더를 교체한 것이 아니라, 리더의 교체를 통해서 혁신과 변화라고 하는 새로운 리더십 무기를 장착하는 데 성공한 것이다.

서번트 리더십, 혁신적 리더십, 변화의 리더십 등 각종 이름을 붙여 보지만, 기본 원리는 크게 다르지 않다. 왜냐? 먼저 사람이 돼야 하고, 원칙과 기본을 소중히 여기고, 매사 솔선수범하면서, 미봉책이 아닌 근본을 천착하고, 새로움을 창조하는 미래지향적인 리더가 바로 우리가 찾고 있는 리더의 우상이기 때문이다.

제 12 장

리더의 6가지 자질

- LEADER의 자질을 일깨우다
- 리더의 자질 1: Learn(배우다: 기본, 행동규범, 자아실현)
- 리더의 자질 2: Energy(힘: 열정적이다. 행동과 변화)
- 리더의 자질 3: Action(실천궁행하다: '나'부터, '지금'부터, '작은 것'부터)
- 리더의 자질 4: Direction(목표지향적이다: 비전과 목표, 나침반)
- 리더의 자질 5: Evaluation(평가하다: 피드백, 상과 벌의 조화)
- 리더의 자질 6: Responsibility(책임지다)

제12장 리더의 6가지 자질

■ LEADER의 자질을 일깨우다.

리더를 영어 알파벳으로 L · E · A · D · E · R이라고 쓴다. 필자가 평소 리더십에 많은 관심을 가지다 보니, 어느 순간 LEADER의 알파벳이 눈에 번쩍 들어왔다. 그동안 리더와 관련된 여러 책이나 경험을 통해서 얻은 정보들과 어쩌면 그리도 일치할까! 리더라고 하는 영어 단어의 알파벳을 통해서 리더가 갖추어야 할 기본 자질들을 새롭게 일깨우는 계기가 되었다.

놀랍게도 영어 단어 Leader 속에는 리더가 갖추어야 할 6가지 기본 자질들이 온전한 형태로 침전되어 있다. 보시라. LEADER는 Learn(배우다), Energy(열정적이다), Action(실천궁행하다), Direction(목표지향적이다), Evaluation(평가하다), Responsibility(책임지다)의 머리글자 모음이면서, 동시에 영어 단어 Leader이다.

진정한 리더가 되기 위해서는 반드시 리더로서 갖추어야 할 6가지 자질을 배우고 실천하면서, 나를 먼저 리드하는 관문을 통과해야 한다. 그런 연후에 비로소 조직을 리드할 수 있는 자격이 주어지는 것이다. 리더의 자질을 '안다'는 것과 '실천한다'는 것은 전혀 별개의 문제이다. 세상에 알고도 지은 죄, 알고도 행하지 않은 일들이 얼마나 많은가? 행함이 없는 지식은 무용지물이다. 실제로 필자가 직·간접적으로 경험하고 체험했던 리더의 여섯 가지 자질들이 널리 공유되고 실천되기를 소망한다.

■ 리더의 자질 1: Learn(배우다: 기본, 행동규범, 자아실현)

인간은 태어나면서부터 배운다. 교육은 인간 형성의 과정이며, 사회관계를 유지하는 필수 수단이다. 배움을 통해서 인격체로 만들어지고 세상의 이치를 알게 된다. 배움을 통해서만이 인간 본연의 삶을 살아갈 수 있는 것이다. 태어나자마자 사람의 손길에서 벗어나 늑대의 젖을 먹고 자란 아이는 비록 외모는 인간의 모습일지라도 배움의 기회를 놓쳤기에 어미 늑대한테 배운 대로 사고하고 행동하는 늑대 인간이 된 것이다.

급변하는 세상에서 온전히 살아남기 위해서는 죽을 때까지 배운다는 자세로 공부에 전념하지 않으면 안 된다. 필자는 대학 졸업 직후 취업을 하고 나서 공부를 다시 시작했다. 단시일 내에 회사의 규칙이나 규정을 모두 독파했다. 업무 지식을 완벽하게 습득하고, 업무 관련 서적을 통독했다. 조직 관계나 인간관계 관련 책들도 많이 읽고, 주변을 통해 직·간접 경험도 많이 쌓았다. 회사 일에 전념하면서도,

대학원도 두 군데나 합격하였으며 경영학 석사학위를 받았다. 배움의 갈증을 해소하기 위해 대학원 단기과정을 수료하고, MBA과정도 이수하였다. 은퇴 후 제2의 인생을 준비하기 위해 관련 자격증도 취득했다.

배움이 개인적인 목표 달성을 위해서도 필요했지만, 장기적으로는 자아실현이라는 정신적 만족감이 더욱 의미 있었다. 배워서 아는 만큼 리더십을 잘 발휘할 수 있다. 참고로 기본과 행동규범, 그리고 배운다는 것의 의미와 중요성은 이 책 전반을 포괄하고 있다.

■ 리더의 자질 2: Energy(힘: 열정적이다. 행동과 변화)

물리학에서 에너지는 물리계가 일을 얼마나 많이 할 수 있는지를 정량적으로 나타낸 것을 말한다. 에너지에는 빛 에너지, 열 에너지, 중력 에너지, 전기 에너지 등등 여러 가지 유형의 에너지가 있는데, 인간이 가지고 있는 에너지에는 열정 에너지가 있다. 그 열정 에너지가 바로 생각을 행동으로 변화시키는 힘의 원천이다. 성공한 리더들의 공통적인 특징은 힘이 넘친다는 것, 즉 에너지가 넘친다는 것이다.

열정을 얘기하면서, 열정 에너지의 화신인 고 정주영 회장님을 빼놓을 수 없다. 500원 지폐와 관련된 회장님의 열정 에피소드를 필자의 기억으로 부분 편집해 본다. 500원 지폐 전면에는 이순신 장군의 영정과 거북선이 그 위용을 드러내고 있다. 그 지폐는 1973년부터 약 10년간 사용하다가 1982년에 동전으로 바뀌면서 없어졌다. 회장님은 이순신 장군과 거북선이 새겨진 500원짜리 지폐 한 장 달랑 들고 영국으로 달려가서, 열정과 배짱을 무기로 당시로서는 거금을 차입하여 백사장에 불과했던 울산 앞바다에 세계 최대의 조선소를 건설하였다. 열정 에너지가 열정 리더십을 발현시키고, 그 열정 리더십을 통해서 상상을 초월한 혁혁한 성과를 거둘 수 있었다.

재미 삼아 당시를 스토리텔링 해보자. "한국이 세계 최초로 철갑선인 거북선을 만든 나라이다. 우리나라 이순신 장군은 임진왜란 때 거북선을 이용하여 23전 전승의 신화를 창조했다. 당신 나라 영국의 자부심인 해전 영웅 넬슨 제독이 트라팔가르 해전에서 승리한 결과, 마침내 영국은 19세기 내내 세계의 해상권을 장악함으로써 영원히 해가 지지 않은 대제국을 건설했다. 약 200년 간격으로 동서양의 대표적 해전 영웅이 탄생한 것은 각자의 조국을 구하기 위한 필연의 역사이고, 두 나라의 영광이다. 이순신 장군의 전승지에 세계 최대의 조선소를 건립하고자 한다. 아마도 두 영웅도 저승에서 함께 기뻐할 것이다. 뜻이 있는 곳에 길이 있다. 할 수 있다. 함께 하자."

열정은 열정 바이러스를 빠르게 확산시키는 특징을 가지고 있다. 열정은 개인의 성공 확률을 높여 주기도 하지만, 더불어 한 사람의 열정이 조직 전체를 열정적인 조직으로 변화시키고, 그 변화로 인해 성과 극대화를 가능케 해준다. "좀체 매가리가 없다." "흐리멍덩하고 열의가 없다." "되는 것도 없고, 안 되는 것도 없다." "물에 물 탄 듯, 술에 술 탄 듯 한다." 단언컨대, 이런 부류의 사람들은 성공적인 삶을 살 수 없고, 리더는 더구나 될 수 없다. 지도자에게 '이길 수 있다'는 열정과 의지가 안 보이는데, 선수들한테 열의를 기대하는 것은 난센스다. 큰 변화와 성공을 도모하려거든 먼저 스스로 열정 에너지부터 키워야 한다.

■ 리더의 자질 3: Action(실천궁행하다: '나'부터, '지금'부터, '작은 것'부터)

실천궁행(實踐躬行)이라. 실제로 이행한다는 말로서, 말이 아닌 실천으로 옮기는 것을 뜻한다. 백언불여일행(百言不如一行)이라. 백 마디 말은 한 번 실천함만 같지 못하다. 즉, 백 마디 말보다 한 번 실천이 낫다는 말이다. 실천궁행은 생각이 깊고 개혁적 의식이 있는 선조들이 가장 많이 애용한 말씀으로, 말을 했으면 반드시 실천에 옮겨야 한다는 자기 수양이고 다짐이다. 그런데 필자의 경험으로 볼 때, 실천을 습관화하는 데에는 세 가지 기본 요령이 필요하다.

첫째, '나부터' 행하는 것이다. 부모는 행하지 않고 자식에게만 행하라고 하면 하겠는가? 요즘 젊은이들은 어른들을 향해서 자기들은 하지 않고 자신들한테만 강요한다고 비판한다. 맞는 말이다. 부모가 먼저 행함을 보여야 자식도 따라 행할 것이고, 윗사람이 올바로 행해야 아랫사람이 본을 받고 따라올 것이다. '바담' 풍이 괜히 있는 말이 아니다.

둘째, '지금부터' 행하는 것이다. 결심을 하고, 마음을 먹은 것까지는 좋았는데, 왜 하필 지금이 아니고 내일인가? 왜 금요일은 안 되고 월요일부터인가? 왜 20일은 안 되고, 다음 달 1일부터인가? 이 모두가 다 실행할 의지가 부족한 이유이다. 자신과의 싸움에서 이미 진 것이다. 마음을 먹었으면 '지금'부터 당장 행동으로 옮겨야 한다. 미루는 버릇은 실행을 방해하는 가장 나쁜 습관이다.

셋째, '작은 것부터' 실행하는 것이다. 할 수 있는 작은 것부터 시작하다 보면 습관이 붙어서 어렵다고 여겨지던 큰 것도 능히 해낼 수 있게 된다. 큰 것은 부담 요인이 크고, 실패에 대한 두려움으로 자칫 의욕마저 떨어뜨릴 수 있다. 반면에 작은 것은 부담이 적고, 실행하기가 쉽다. 만족도의 크기는 별반 차이가 없다. 실행했다는 데 기본 점수는 갖고 가는 것이니까. 그렇게 차츰 내공을 쌓아가면서 큰 것으로 점차 이동해 가야 한다.

느끼지 못했던 작은 차이의 변화가 지속된 후에는, '내가 이렇게 큰 것을 어떻게 했지'라면서 스스로 놀라게 된다. 등산을 즐기는 사람들은 이해가 빠를 것이다. 한 시간 동안 열심히 등산하고서 잠시 쉬는 틈을 타 왔던 길을 되돌아보면, '내가 저렇게 먼 길을 걸었단 말인가' 하고 스스로 감탄하며 한 걸음 한 걸음의 대단함을 절감하곤 한다.

19세기 독일의 생리학자 베버(E. H. Weber)는 '자극 사이에서 차이를 인식하는 것은 절대량이 아니라 최초의 자극에 대한 상대량'이라고 하는 '베버의 법칙(Weber's Law)'을 발견하였다. 그의 법칙은 마케팅의 다양한 영역에서 적용되고 있는데, 한 예로 두 자극 사이에서 알 수 있는 최소한의 차이를 JND(Just Noticeable Difference)라고 한다. JND의 원리는 가격을 올릴 때는 소비자가 느낄 수 없는 차이까지 올려야 소비자의 눈치 챔 없이 가격 상승의 효과를 볼 수 있고, 부피 등을 줄일 때는 소비자가 감지하지 못할 차이까지만 줄여야 부작용 없이 부피를 줄이는 효과를 볼 수 있다는 마케팅 전략이다.

이는 부담을 느끼지 못할 정도의 차이를 주면서 변화를 시도할 때 소비자도 순응하고 효과도 커진다는 것을 의미한다. 습관이라는 것도 나와의 기나긴 싸움으로 볼 때, 단번에 이루어진 것이 아니라 가랑비에 옷 젖듯이 심리적 JND 반복 효과를 통해서 나도 모르는 사이에 바람직한 습관으로 체화되는 것이다.

■ 리더의 자질 4: Direction(목표지향적이다: 비전과 목표, 나침반)

나침반은 고대 중국에서 처음 고안된 것으로 선박이나 비행기가 원하는 목표지에 도달할 수 있도록 항로의 방향을 설정하고 안내하는 데 필요한 기구이다. 지금이야 스마트폰에도 나침반 기능이 있으니 방향을 찾는 데 큰 문제가 없으나, 과거 나침반이 흔치 않았던 시대에는 별이나 지형지물 등을 이용해서 어렵게 방향을 찾아야 했다. 물리적인 방향을 확인하는 데에는 나침반이 필요하듯이, 조직이나 개인에게 주어진 목표를 달성하기 위해서는 나침반과 같은 역할을 하는 목표지향 시스템이 필요하다.

기업을 보면, 모든 회사는 각자 비전을 갖고 있다. 그리고 단계별로 비전을 실행하기 위한 조직(원)의 미션, 비전 달성을 위한 상위 목표와 하위 목표가 설정된다. 이때 목표 달성을 위한 전략과 운영이 같은 방향으로 캐스캐이딩(Cascading)되어 있어야 효과적 · 효율적으로 사업목표를 달성할 수 있다. 참고로 Cascading이란 폭포수가 떨어진다는 의미로, 여러 단계에서 각 단계가 직전 단계로 인하여 발동되고, 그 결과 종국까지 연속되는 단계의 계열을 의미한다.

여기에서 중간에 한 단계라도 곁길로 벗어나는 때에는 방향성을 잃거나 불필요한 손실의 발생으로 인해 소기의 성과를 기대하기 어렵게 된다. 회사의 목표 달성 체계는 비전–미션–목표–전략–운영-실행-피드백 순의 선순환 구조로 목표지향 시스템이 정렬되어야 한다.

개인도 마찬가지이다. 인생의 자아실현을 위한 비전을 세우고, 그 비전을 달성하기 위한 나의 미션을 구체화하고, 비전 달성을 위한 장기, 중기, 단기 목표를 설정하고, 목표 달성을 위한 전략을 수립하여 실행에 옮겨야만, 시행착오를 줄이면서 효과적으로 목표를 성취할 수 있다. 개인의 목표 달성을 위해서도 목표지향의 시스템적 사고가 중요하다.

비전과 목표가 없는 인생이란 목적 없이 달리기만 하는 다람쥐 쳇바퀴 인생과 다를 바 없다. 스포츠 선수가 원대한 금메달의 꿈을 품고 그 목표를 성취하기 위해 오직 한 방향으로 매진하는 모습, 그 결과 승리의 환희를 만끽하는 모습이 참으로 아름답지 않은가? 진정한 리더는 목표를 향한 올바른 방향성을 제시하고 안내하는 인간 나침반 역할을 충실히 이행하는 사람이다.

■ 리더의 자질 5: Evaluation(평가하다: 피드백, 상과 벌의 조화)

중국의 명산들을 여행하다 보면, 거동이 불편한 사람들을 배려하기 위해서인지 계단들이 낮게 설치되어 있는 것을 볼 수 있다. 한 계단 한 계단씩 오르다 보면 어느새 정상에 도달하게 된다. 밟고 간 계단 층층 높이의 합이 정상의 높이라고 간주하자. 마찬가지로 개인이나 조직이나 목표에 이르기까지는 시점별로 점검해야 하는 단계가 필요한데, 이것이 중간 평가이다. 중간 평가 및 피드백이 없는 목표 관리는 사실상 불가능하다. 중간 평가의 합이 바로 최종 평가 결과이기 때문이다. 평가는 목표 달성을 위한 일상의 모습이 되어야 한다.

평가를 통해서 상과 벌이 발생하고, 상과 벌을 잘 운용할 때 열정과 동기가 생성된다. 많은 기업에서 성과 향상과 사기 진작을 목적으로 인센티브 제도를 시행하고 있다. 그런데 평가가 평가답지 못해서 오히려 열정과 동기를 갉아 먹는 경우를 자주 보게 된다. 평가는 공정성, 객관성, 타당성이 핵심인데, 잘한 사람이나 못한 사람이나 똑같이 인센티브라는 명목으로 성과급을 지급하는 경우가 그렇다. 이 경우 잘한 사람은 상응하는 보상을 받지 못했으니 불만이 커져서 더 잘해야겠다는 열정마저 사라진다. 반대로, 못했는데도 보상을 받은 부류들은 못해도 잘한 사람과 똑같이 주는데 잘하고 싶다는 욕구가 생길 리 만무하다.

사실인즉, 인센티브(Incentive)라는 말의 어원은 안에서(in) 기쁨으로 노래(cent)하여 긍정 바이러스를 퍼트린다는 것이다. 잘 나가는 회사들은 인센티브 제도를 성과 향상과 상향평준화의 도구로 십분 활용하고 있다. 반면에 문제 있는 회사들은 겉으로는 인센티브 제도라고 하면서도 실제는 평가가 반영이 안 된다. 결국 일률적으로 똑같이 지급하는 고정급여 성격으로 변질되어 같은 돈을 들이면서도 기쁨이 아닌 분노(Outrage)를 밖(out)으로 분출(rage)시켜 하향평준화만을 조장한다. 평가와 상벌은 동전의 양면이다. 평가가 있는 곳에는 반드시 상응하는 상벌이 함께 있어야 한다. 개인도 마찬가지로, 자신에 대한 올바른 평가와 상벌의 관행이 리더의 자질을 강화시켜 준다.

■ 리더의 자질 6: Responsibility(책임지다)

책임이란 자신이 수행한 일과 관련하여 그 결과에 대하여 지는 의무나 부담, 또는 그 결과로 받는 제재를 말한다. 흔히들 두 가지 형태의 책임이 있다고 하는데, 하나는 스스로 지는 자책의 책임이고, 다른 하나는 타인에 의해 책임지도록 강요받는 부담부 책임이다. 리더의 자질에는 전자의 스스로 지는 자책의 책임이 더욱 중요하다. 진정한 리더는, 잘한 일이건 잘못한 일이건 책임 추궁이 있기 이전에 스스로 책임지는 자세를 갖추고 있어야 한다.

나쁜 리더의 가장 큰 문제는 책임을 지려고도 하지 않을뿐더러 다른 사람에게 책임을 떠넘기거나, 환경을 탓하고 변명으로 일관하면서 책임을 모면하려는 술수를 쓴다는 것이다. 리더는 누구나 두 가지 도덕적 창문을 가지고 있다. 하나는 밖이 보이지 않는 거울 창문이고, 다른 하나는 밖이 보이는 투명 창문이다. 리더십을 갖춘 리더는 잘한 일이 있을 때는 투명 창문을 통해 주변을 바라보면서 함께한 다른 동료들에게 먼저 공을 돌리고, 잘못한 일의 경우에는 거울 창문을 바라보면서 자신을 향해 내 탓임을 먼저 고백한다. 스스로 먼저 책임을 지는 도덕적 자질을 갖추고, 공은 부하에게 돌리며, 과는 내가 떠안을 줄 아는 리더가 사회가 바라는 진정한 리더이다.

I - M A R K E T I N G

제3부

전략, 그리고 목표지향적 삶

나들이

전통 한복 소재인 모시의 씨줄과 날줄의 섬세함으로 단아하고 수줍은 한국의 대표 여인상을 품에 안다.

제 13 장

목표와 전략적 사고

- 전략과 행동 결정체
- 전략적 사고와 목표 지향
- 전략적인 삶을 살자
- 전략적인 삶을 위한 준비

제13장 목표와 전략적 사고

■ 전략과 행동 결정체

전략이라는 말은 원래 전쟁 용어로서 손자병법에 최초로 소개된 말이다. 손자는 전쟁에 있어서 전략이란 죽고 사는 문제로 생과 사를 가를 만큼 중요한 것이라고 일갈했다. 전략의 중요성을 생과 사의 문제로 결부했듯이, 전쟁에서의 전략은 싸움에서 이길 수 있는 최적화된 방법을 말한다. 전쟁 역사서는 한결같이 전쟁에서의 승리는 전략의 승리라고 기록하고 있다.

세계에서 가장 광활한 땅을 손아귀에 넣은 미증유 전쟁의 신, 칭기즈칸은 공과를 떠나서 역사상 가장 광활한 땅의 지배자로 추앙받고 있다. 그는 말을 이용한 속도전, 상상을 초월한 공격력, 불안과 공포의 심리전, 간편한 육포의 식량화, 전리품의 공평 분배, 통치지역의 분할 및 통치권 부여 등의 각종 전략과 전술을 치밀하게 계획하고 실행하였다. 감히 범접할 상대가 없는 역사상 최고의 전략의 신이 분명하다.

경영에서 전략이란 목표를 달성하기 위한 최적의 방법(how-to),

즉 가장 효과적인 행동의 결정체를 의미한다. 따라서 최적의 방법이 들어있지 않으면 제대로 된 전략이라 부를 수 없다. 또한 목표에서 전략을 빼면 시체라는 말이 있듯이 목표 달성을 위해서는 전략이 필수적이다. 또한 전략이라는 용어는 약방의 감초처럼 다방면으로 사용되고 있다. 현대사회에서는 국가전략, 군사전략, 경영전략, 심지어 부동산전략까지 ○○전략이라는 말을 듣지 않고서 잠자리에 드는 경우가 별로 없을 정도이다.

목표는 그 자체만으로 목표에 이르는 이동 수단이 없다. 따라서 목표에 이르게 하는 가장 효과적인 행동 수단인 최적의 방법, 즉 전략이 필요한 것이며, 전략을 통해서 비로소 목표에 도달하게 된다. 부연하면, 전략은 목표에 도달하기 위한 치밀하게 의도된 목표지향적 행동 수단이다. 따라서 전략과 행동은 서로 떼려야 뗄 수 없는 불가분의 관계인 동일체이다.

■ 전략적 사고와 목표 지향

기업들은 매년 사업 목표를 세우고, 사업 목표 달성을 위한 전략을 수립한다. 목표를 정할 때는 회사의 모든 자원과 생산요소 등 가용능력치를 파악하고, 과거와 현재의 사업 실적과 변화 추이를 분석·전망한다. 대내·외 시장 동향을 분석하고, 소비자 니즈 및 행동 등을 조사한다. 경쟁사의 실적 및 동향을 참고하고, 전문기관에서 발표하는 제반 경제지표 등 관련 자료들을 활용한다. 정량적인 목표로 가공되고, 이어서 CEO의 정성적 의지가 더해지면 비로소 목표가 완성된다.

전략 수립 전 단계인 목표를 정하기 위해서는 몇 가지 갖추어야 할 기준이 있는데, 이를 경영학에서는 SMART 원칙이라고 부른다. SMART는 Specific(구체적), Measurable(측정 가능), Attainable(달성 가능), Relevant(합목적적), Time-based(기한 설정)의 각 단어 머리글자의 모음이다.

Specific은 추상적이거나 모호하지 않게 목표를 구체적으로 설정한다. Measurable은 목표를 정량화 및 계량화하여 측정이 가능하도록 한다. Attainable은 달성 가능하고 현실성 있는 목표를 추구한다. Relevant는 비전과 사명, 그리고 목표가 상호 유기적인 적합성을 가지도록 한다. 마지막으로 Time-based는 정해진 기간 안에 달성할 수 있도록 기한을 설정한다.

또한 목표를 달성하기 위해서는 제반 전략적 요소들을 분석하여 최적의 대안을 탐색하는 전략적 사고가 중요하다. 여기에서 전략적 사고는 생각의 차원이며 생각의 깊이와도 직접적인 연관이 있다. 따라서 생각의 깊이가 깊을수록 탁월한 전략을 수립할 수 있다. 그리고 전략적 사고의 중심축인 생각은 지식과 경험의 양과도 비례하며, 문제를 문제로 인식할 때 문제 해결을 위한 생각이 발동한다.

아울러 목표 달성에는 시너지가 중요하다. 시너지란 한 집단이 목표를 달성하기 위하여 소모하는 에너지의 총체로서 부분의 합이 모여서 전체의 합이 되는데, 그럴 때 전체의 합이 부분의 합보다 더 커야 한다. 따라서 시너지 효과를 극대화하기 위해서는 구성원 전체가 목표지향적 사고로 무장하고 유기적 상호작용을 통해서 전략적 사고와 행동을 실천해야 한다.

전략에는 차별적 우위가 있어야 하는데, 이것을 핵심역량(Core Competence)이라 부른다. 핵심역량에는 VRIN(Value, Rareness, Inimitableness, Nonsubsitutability) 요소가 포함되어 있어야 한다. 가치(Value)는 동기를 유발하고, 힘을 배가시키며, 만족을 극대화한다. 희소성(Rareness)은 상대방에게 없는 나만의 독특한 강점으로 최고의 무기가 된다. 모방 불가(Inimitableness)는 특허의 예처럼 법적 보호를 통해서 일정 기간 독보적으로 권한을 행사할 수 있다. 마지막 대체 불가(Nonsubsitutability)는 차별화된 독창적인 것으로서 아무나 쉽게 대체할 수 없어야 한다. 전략 수립에 있어서 네 가지 핵심 요소를 갖춘 핵심역량이 많으면 많을수록 그만큼 목표 달성이 용이하고, 생존 경쟁에서 살아남을 수 있다.

■ 전략적인 삶을 살자.

지금을 4차 산업혁명 시대라고 부른다. 혁명이란 이전의 관습이나 제도, 방식 따위를 단번에 깨뜨리고 질적으로 새로운 것을 급격하게 세우는 것을 말한다. 정치에만 혁명이 일어나는 것이 아니다. 우리의 실제 생활 속에도 혁명이 일어나고 있다. 지금이 바로 혁명의 변곡점이란다. 지금의 기술 진보의 양과 질이 전혀 다른 세상으로 변화시킬 정도로 그 파급효과가 크고 예측불허이기에 혁명이라고 부르는 것이다.

혁명의 과정인지는 몰라도 세상 살기가 날로 어렵다고들 한다. 세상이 날로 복잡해져서 '눈뜨고 코 베이는 세상'이라고도 한다. 이 어려운 세상살이에 '될 대로 돼라'는 식의 자포자기 인생을 산다는 것은, 금수가 득실거리는 초원에서 보호 장비 하나 없이 홀로 서 있는 것처럼 위험천만한 일이다. 한마디로 위기의 시기에는, 목표 관리나 전략적 행동이 비단 기업에만 필요한 것이 아니라, 개인도 목표 관리를 하고 목표 달성을 위한 전략적 행동을 실천해야 한다.

개인에게 있어서 목표 관리나 전략은 그리 거창한 것이 아니다. 필자가 경험한 하나의 사례를 보기로 하자. 관광지의 노점상 할머니들이 나름 훌륭한 목표 관리를 하고 전략적으로 행동한다는 사실을 금방 알 수 있다. 같은 종류의 산나물을 다섯 분의 할머니들이 팔고 계신다. 오늘의 목표는 오늘 가지고 나온 물건들을 제값을 받고 다 파는 것이다.

이제 '어떻게(how to)'의 전략만 짜내면 목표 달성은 그리 어렵지 않을 것이다. 이에 할머니들이 머리를 맞대고 전략적 사고에 집중한다. 이미 시장 가격, 출입 인원 및 날씨 등 외부 변수들에 대해서는 관찰과 경험으로 다 알고 있다. '죄수의 딜레마'에 대해 배우지는 못했어도 이미 경험으로 터득했다. 서로 많이 팔려고 싸우거나, 신뢰를 깨는 행동을 하면 공멸이다.

비로소 전략이 발동한다. 먼저 다섯 분이 교대로 자리 순서를 공평하게 정한다. 다음으로 시간대별, 위치별로 가격 유연성을 두고, 맨 윗자리부터 맨 아랫자리까지 가격과 양이 약간씩 차이가 나도록 포지셔닝 전략과 가격차별화 전략을 사용하면서 맨 아랫자리의 가격을 좀 더 싸게 하거나 역으로 높게 책정한다. 관광객들은 현지에서 난 국산 산나물에 관심이 많다. 다만 가격이 문제이다. 길을 내려오면서 가격을 보니 어느 할머니의 가격이 싸다고 판단하면, 기분 좋게 물건을 사게 된다. 다음 날에는 할머니들의 위치와 역할이 규칙대로 바뀌어 있다.

이것은 훌륭한 전략이다. 소비자가 가격을 고려할 때는 주위 눈에 보이는 현재의 시세들을 비교해서 싼지 비싼지 판단한다. 소비자는 좋은 물건을 싸게 샀다고 만족을 표시한다. 할머니들은 할머니들대로 고향 특산물을 제값을 받고 다 팔아서 좋다. 서로 만족을 공유하는 win-win 전략이다. 그래야 보람과 만족이 더 커진다. 마케팅이나 전략에 대해 완전 까막눈이신 할머니들도 전략적 사고로 목표 관리를 하는데, 하물며 젊은이는 말해서 뭣하랴.

■ 전략적인 삶을 위한 준비

전략적 삶을 살기 위해서는 먼저 비전을 세워야 한다. 비전이란 상상력과 통찰력을 발휘해서 희망이 담긴 실현 가능한 나의 꿈(dream)을 만드는 것이다. 비전은 추상적이어야 한다. 그래야 추상성의 그릇에 객관적인 목표들을 채워 넣을 수 있으니까. 비전은 상황 변화에 따라서 유연하게 바꿀 수도 있다. 비전에 지나치게 부담을 갖거나 목맬 필요는 없다. 비전을 세우는 데는 비용도 들지 않는다. 비전은 오로지 생각과 상상을 통해 구체화할 수 있다.

나의 비전에 대해 누군가로부터 평가나 비판을 받을 필요도 없다. 나의 가치관이나 나의 미래상을 감히 누가 재단할 수 있단 말인가. 비전은 오직 내 생각을 바탕으로 내가 그리는 것이다. 내 인생은 남이 살아주는 것이 아니기에 그렇다. 비전을 세우면 웃음과 만족감이 넘치게 되는 것은 덤으로 얻게 되는 가치 있는 선물이다. 책을 꼭 사지 않더라도 서점에 들르는 행위만으로도 문화 행위라고 할 수 있다.

실현 여부는 나중에 고민하더라도 우선 비전을 만들어 보자. 나의 비전은 무엇인가?

비전을 세웠으면, 다음에는 나의 사명을 만들어 보는 거다. 사명은 내가 존재하는 이유이다. 사명 또한 비전과 마찬가지로 다른 사람이 아닌 내가 만드는 것이다. 사명을 만들 때는 심연에 자리하고 있는 순수한 마음으로, 정신적인 깊은 성찰의 시간을 갖는다. 중요한 것은, 사명은 보이기 위해 가공된 전시물이 아닌, 내 내면의 있는 그대로의 가공되지 않은 원석이어야 한다. 비전과 사명을 정했다면, 이미 전략적인 삶에 대하여 방향을 제대로 잡은 것이다.

비전과 사명을 세우고 나서 SMART 원칙에 기반을 두어 나의 목표를 세워 보자. 목표는 반드시 단계를 정해서 세워야 한다. 기간을 너무 길게 잡으면 제대로 된 실천 계획을 세울 수가 없고, 너무 포괄적이어서 진도 체크가 여의치 않다. 목표는 꼭 하나일 필요가 없다. 비전을 실현하는 데 필요한 목표라면 개수는 문제가 되지 않는다. 상위 목표를 세우고, 일관성을 유지하면서 중위 목표, 하위 목표를 세우면 된다.

상위, 중위, 그리고 하위 목표를 세운 다음에는 VRIN에 합당한 나만의 핵심역량을 찾아야 한다. 내가 무엇을 잘하고, 어떤 분야에 호기심이 있는지에 대해 자기를 분석해야 한다(제14장 참고). 또한 핵심역량을 갖추기 위해서는, 예를 들어 자격증을 취득한다든지, 전공 분야의 공부를 더 한다든지, 국내외 경험을 통해 산지식을 얻는다든지, 그 분야의 전문가를 스승으로 모시고 가르침을 받는다든지, 아니면 소셜미디어를 통해서 관련 지식을 습득한다든지 하는 등의 모든 이용 가능한 방법들을 찾아서 전력투구해야 한다. 비로소 핵심역량을 찾고 계발한 다음에는, 핵심역량을 총동원하여 목표 달성을 위한 전략을 수립한다.

끝으로 행동이 화룡점정(畵龍點睛)이다. 행동으로 마무리가 안 되면 그동안의 준비는 허사이고, 무의미한 것에 불과하다. 따라서 내가 스스로 나의 비전과 사명, 목표와 전략을 수립했으면, 반드시 마무리 행동이 뒤따라야 한다. 과거의 뒤떨어지고 잘못된 행동 양식이 문제였다면, 과거와 과감하게 단절하여야 한다. 과거와 결별하는 순간이 바로 새로운 나로 변화해 가는 시작점이 된다. 계획하고 의도하고 목표지향적인 행동, 즉 전략적인 행동을 통해서 원하는 목표와 비전을 달성할 수 있다. 자연은 환경에 부응하여 끊임없이 변화해 감으로써 스스로 생명력과 존재감을 유지한다. 사람도 마찬가지이다. 전략적인 행동이 바로 나를 새로운 나로 끊임없이 변화시키는 생명력이고 에너지원이다.

제 14 장

SWOT 분석과 지피지기 전략

- 호기심 실종 세대
- 나의 실체를 찾아야 하는 이유
- SWOT 분석과 지피지기
- 나를 SWOT 분석하고 실행하라

제14장 SWOT 분석과 지피지기 전략

■ 호기심 실종 세대

아기가 태어나서 말을 배우기 시작할 즈음에 가장 눈에 띄는 것은 호기심이다. 무슨 호기심이 그리 많은지 시도 때도 없이 묻고 또 묻는다. 어린이 육아 프로를 보고 있으면, 아이들이 하나같이 천재 에디슨을 빼닮았다. 머릿속에 화산이라도 폭발한 듯이 지적 호기심이 대폭발을 일으킨다. 이러하니, 아기를 둔 엄마 아빠들이 질문에 답하기 위해 다시 공부를 시작한다는 얘기가 빈말은 아닌 것 같다.

그런데, 호기심 천국도 얼마 지나지 않아서 사라지는 운명을 맞이한다. 호기심을 가지고 스스로 사물을 분별하고, 창의적 사고를 통해서 스스로 가치관을 잘 형성해 나가고 있는 아이들한테서 호기심과 창의력을 몰취해 버리는 해괴망측한 상황이 전개된다. 부득이하게 법정 용어인 '몰취'라는 단어를 사용할 수밖에 없는 지경이다.

아인슈타인은 일찍이 사람에게 가장 중요한 것이 호기심과 창의력이라고 숱하게 강조했다. 그런데도 부모들은 역으로 쓸데없는 짓 한다고, 세상살이에 전혀 도움이 되지 않는다고 하면서 의도적으로 호기심과 창의적 사고를 단절시켜 버리는 행위를 서슴지 않고 범한다. 그러면서 아이들을 각자의 재능이나 소질과는 무관하게 오직 하나의 목표만을 위해 기획된 소위 일류교육 감옥에 강제로 수감시켜 버린다. 이때부터 아이들은 잘 짜였다고 자랑하는 프로그램에, 유능하다고 소문난 강사에 의지해서 기계적인 주입식 학습만을 무려 20년이 넘도록 강요받는다. 그런데 어쩌나? 그중에 10% 정도만 살아 돌아온다는데.

참으로 안타깝다. 어려서부터 생활습관으로 키워야 할 호기심이 사라져 버린다. 스스로 문제를 해결하는 창의력도 함께 묻혀 버린다. 곁에서 거들어 주지 않으면 뭐 하나 제대로 해결하는 것이 없다. 아니, 해결할 생각도 하기 전에 시간 아깝다고 부모가 먼저 해결해 줘 버린다. 학창 시절, 장래 무엇이 되고 싶은지를 질문하면 하나같이 부모의 주술 용어가 되어 버린 강요된 희망들을 아무 생각 없이 되뇌곤 한다. 마음껏 생각을 펼쳐 보지도 못하고 소수만이 주인공이 되는 무대 위에서 겉모습은 그럴듯해 보이지만 존재마저 숨겨야 하는 슬픈 피에로가 되어 눈물을 삼킨다.

호기심과 창의적인 사고를 도외시하는 틀에 박힌 교육환경에서는 내가 누구이며, 내게 어떤 강점이 있고, 또 내가 무엇을 하고 싶은지에 대한 논리적 사고나 합리적인 생각은 설 자리가 존재하지 않는다. 그럴 시간이 있으면, 영어 단어 하나 더 외우라고 경쟁 환경이 윽박

지른다. 학생들의 책상 위에는 시험 관련 책들만 쌓여 가고, 시험의 신이라는 선배들의 경험담이 담긴 먼 세상 얘기의 책들이 또 비집고 들어온다. 도저히 난공불락이다.

땅을 잘 파는 두더지와 나무를 잘 타는 다람쥐가 있다. 땅을 파는 일이 선수인 두더지한테 나무를 타라고 막무가내로 닦달한다면 어떻게 될까? 그런데 나무 잘 타는 다람쥐는 이미 정상에서 콧노래를 부르고 있다. 실패가 뻔하다. 아니 실패를 뻔히 알면서도 닥치고 따라오라며 겁박하는 세상이다. 목적지로 향하는 차는 이미 정원을 채워 떠나고, 텅 빈 정거장에서 갈 곳을 잃고 방황할 수밖에 없는 다수의 미래 동량들을 생각하니 참으로 안타깝기 그지없다.

■ 나의 실체를 찾아야 하는 이유

몇 년 전에 있었던 일이다. 어느 기관에서 고등 교육을 받는다고 자부하는 대학생들을 대상으로 '자신의 장점과 강점이 무엇이고, 그래서 무엇을 하고 싶은지'에 대한 설문조사를 실시한 적이 있다. 대다수의 학생들은 자신의 장점을 살려 무엇이 되고 싶다는 생각보다는 부모가 원하거나 세상이 알아주는 직장에 들어가고 싶다고 응답하였다고 한다. 가장 편하다고 세뇌받은 길을 당연한 것으로 받아들인 결과이다. 어릴 적부터 길들여진 획일화된 교육의 결과가 지성인들의 사고에까지 영향을 미쳤다고 생각하니, 말문이 막혀서 유구무언이다.

그런데 어쩌랴? 시대가 급변하고 있다. 이미 지구촌이 하나가 되었다. 잘 나간다는 회사의 인재 중에는 현지 조직을 제외하더라도 상당수가 외국인이면서 외국대학 출신이란다. 출신학교보다는 포트폴리오를 보고 실력으로 뽑는 시대가 되었고, 내가 선택받는 시대가 아닌 내가 선택하는 시대로 이동하고 있다. 경력을 키우고 마음껏 능력을 발휘할 수 있도록 대접해 주는 직장으로 이직하는 사람이 유능한 사람으로 인정을 받는 시대가 되었다. 보수는 경쟁과 노동의 강도에 어느 정도 비례한다. 경쟁 정도를 보고 자신의 취향과 적성에 맞는 직업을 선택하는 방향으로 전환해 가고 있다. 격세지감이다.

이미 기성세대가 좋아하는 직업들도 무수히 많은 직업 중에 하나(one of them)에 불과하다. 예전에는 조그만 시골 마을에서 고시 합격자라도 나오게 되면 군 전체가 들썩거렸던 그런 시절도 있었다. 지금은? 누가, 이웃집 자녀가 고시 합격했다고 알아주는 사람 있던가? 젊은 세대는 이미 시대에 순응할 준비를 하고 자기의 길을 가고 있는데, 아직도 기성세대는 자신들의 사고를, 잘못된 고정관념을 바꾸려 들지 않는다. 그럴 땐 마이동풍이 답이다.

사람은 누구나 강점 요인과 약점 요인을 함께 가지고 있다. 아무리 세계적인 천재라 한들 모든 분야, 모든 영역에서 다 잘할 수는 없다.

단지 하나, 자신의 강점인 영역에서 군계일학이 되는 것이다. 달리 말하면, 그 전문 분야를 벗어나면 평범한 사람들보다도 못한 단점이 많이 있다는 말이다.

또한 누구나 기회 요인과 위기 요인을 함께 가지고 있다. 어떤 이에게는 기회라고 생각되는 것들이 다른 이에게는 위기가 될 수 있고, 또 다른 이의 위기가 상대방에게는 기회가 되는 것도 많다. 다행스러운 것은 이러한 강점과 기회, 약점과 위협 요인이 고정불변이 아니라 얼마든지 변화시킬 수 있다는 사실이다.

대전환의 시대, 먼저 나를 정확하게 알아야 한다. 좋아하는 연예인에 대해서는 세세한 것까지 속속들이 잘 알고 있으면서, 나를 아는 일은 지나치게 등한시하고 있다. 학생들을 대상으로 '좋아하는 것, 특기가 뭐지? 아니면, 무엇을 하고 싶지?'라고 물으면 백이면 백이 '잘 모르겠는데요' 하면서 버벅거린다. 어려서부터 각자의 소질을 계발하는 탐구 활동을 꾸준히 수행했더라면 적어도 성년이 되었을 때는 '나의 장점은 이것이고, 그래서 나는 무엇이 되고 싶다'라고 떳떳하게 얘기할 수 있었을 텐데. 이미 엎질러진 물이다. 그나마 늦었지만, 나를 먼저 아는 것이 문제를 해결하는 출발점이라 생각한다.

어떻게 하면 나를 알 수 있을까? 학창 시절 20여 년간 나를 찾는 노력을 제대로 시도조차 해본 적이 없기에 뒤늦게 '나를 찾아라'라고 하면 어떻게 해야 할지 답답할 것이다. 그런데 방법이 있다. 돈이 없으면 은행에서 돈을 빌리면 된다. 유명한 사람이 말했다. 머리가 안되면 똑똑한 사람 머리를 빌리면 된다고. 다행히 경영학에는 기업이 어느 위치에 있고, 또한 어떤 상황에 처해 있는지를 파악할 수 있는 기법이 있다. 그것이 바로 SWOT 분석법이다. 이 SWOT 분석법을 잘 활용하면 개인도 자신의 실체를 정확히 파악하여 나에게 맞는 미래를 개척할 수 있다.

■ SWOT 분석과 지피지기

SWOT란 Strength(강점)과 Weakness(약점), Opportunity(기회)와 Threat(위협)을 뜻하는 영어 단어의 머리글자 조합으로 경영전략을 수립하는 데 요긴한 상황분석 도구이다. 즉, SWOT 분석이란 기업 내부의 강점과 약점, 기업 외부의 기회와 위기를 분석하여 효과적인 경영전략을 수립하기 위한 경영기법이다. 실제로 기업들은 기업의 내부 환경과 외부 환경 분석을 통해서 마케팅전략을 수립하고 있는데, 내부는 자사의 경영자원 일체를 말하고, 외부는 기존 경쟁자와 잠재적 경쟁자, 그리고 고객 및 환경 등을 말한다.

SWOT 분석은 네 가지 경영전략을 제시하고 있다. SO(강점-기회전략)전략은 강점을 살려 기회를 포착하는 전략이다. ST(강점-위협전략)전략은 강점을 살려 위협을 회피하는 전략이다. WO(약점-기회 전략)전략은 약점을 보완하여 기회를 포착하는 전략이다. WT(약점-위협 전략)전략은 약점을 보완하여 위협을 회피하는 전략이다. 따라서 SWOT 분석은 네 가지 상황 요인들을 분석하여 복합적으로 이용하고, 강화하고, 극복하고, 회피함으로써 목표 달성을 가능케 해준다.

SWOT 분석에서는 내·외부 상황을 정확히 파악하고 분석하는 것이 무엇보다 중요하다. 상황 파악이 제대로 안 된 상태에서 수립된 전략은 번지수를 잘못 짚게 되어, 오히려 시장에서 패하는 결과를 초래할 수 있다. 그래서 기업들은 마케팅전략을 수립하기 전에 반드시 상황분석 대상인 5C(Company, Competitor, Customer, Collaborator, Context)에 관한 사전 분석을 철저히 수행하고 있다. 또한 SWOT 분석의 결과, 필요로 하는 핵심역량 요소를 내부에서 찾아내거나 아니면 외부에서 수혈하여 역량 강화에도 힘쓴다.

"지피지기자 백전불태(知彼知己者, 百戰不殆)! 적을 알고 나를 알면 백 번 싸워도 위태하지 않다." 손자병법 중 대표적으로 인용되는 전략이다. 그는 이 말 뒤에, "적군의 실정을 알지 못하고 아군의 실정만 안다면 승률이 반이다. 또한 적군의 실정만 알고 아군의 실정을 모른다면 이 또한 승률은 반이다. 반면에 적군과 아군의 실정을 다 모른다면 승률은 제로(0)이다"라고 적고 있다. 전략 개념의 창시자로서 놀라운 혜안이 아닐 수 없다. 나폴레옹은 무수한 전장에서 손자병법서를 곁에 두고 활용했다고 하니 시대를 뛰어넘은 불세출의 전략서임에 틀림이 없다.

주변을 둘러싸고 있는 환경을 보자. 위기는 더욱 커지고, 경쟁은 날로 심화되고, 산다는 것이 너무나 팍팍한 시대 아닌가? 이 위기의 시대에 '어떻게 살 것인가'를 고민해야 하기에 손자병법의 지피지기 전략이 필요하다. 그 유명한 지피지기가 바로 현대판 SWOT의 원조이다. 각자의 처지에 맞게 SWOT 분석을 활용하고 지피지기 전략을 실행할 때 승리하는 삶의 주인공이 될 수 있다.

■ 나를 SWOT 분석하고 실행하라.

개인에게 있어서 SWOT 분석은 시행착오를 줄이고 성공 확률을 높이는 데 매우 유용한 기법이다. SWOT 분석의 핵심은 '현재 나의 위치를 있는 그대로 파악하는 것'으로서, S는 나의 강점, W는 나의 약점, O는 나의 기회, T는 나의 위협 요인이다. 지피지기에서 알 수 있듯이 정확한 SWOT 분석이 바탕이 될 때 실질적인 성공전략이 될 수 있다.

장점 요인은 나의 좋은 점과 가장 잘하는 것으로서 더욱 강화해야 할 대상이다. 예를 들면, 긍정적, 열정, 배려, 적극성, 도전정신, 변화, 끈기, 노력, 집중력, 낙천적, 존중, 성실, 실천, 사회성, 공감능력, 특기나 재주 등을 들 수 있다.

단점 요인은 나의 부족한 점과 극복해야 할 것으로서 노력을 통해 보완하고 변화시켜야 할 대상이다. 예를 들면, 부정적, 자기중심, 소극적, 좌절감, 현실 안주, 게으름, 의존성, 산만함, 열등감, 비관적, 변명, 거짓, 우유부단, 실천력 부재, 과시형, 충동적, 망상 등을 들 수 있다.

기회 요인은 기회를 이용하고 긍정적 환경을 강화하여 목표 달성을 위해 최대한 유리하게 작용하도록 활용해야 할 대상이다. 반면에 위협 요인은 목표를 달성하는 데 장애가 되는 부정적 환경으로서 감소시키거나 극복해야 할 대상이다. 위협 요인의 경우에는 외부 탓으로 돌리거나 변명거리로 삼지 말고, 스스로 타개하고자 하는 적극적 자세가 중요하다. 특히, 약점이나 위협 요인은 얼마든지 기회로 역전시킬 수 있다는 사실을 잊지 말아야 한다.

사람은 누구나 공통으로 장점과 단점의 개인 요인과 기회와 위협의 환경 요인을 가지고 있다. 단지 네 가지 요인 중 그 비율에 있어서 미세한 정도의 차이가 있을 뿐이다. 따라서 주어진 개인 요인과 환경 요인에 대해 지나치게 낙관하거나 비관하는 것은 금물이며, 전적으로 내가 어떻게 생각하고 대처하느냐에 따라 결과가 달라진다.

당장 백지 위에 나를 SWOT 분석하고, 체크 리스트를 만들어 목표와 실천 과제를 정리하자. 그리고 목표 달성을 위한 실행 계획을 세우고 하나하나 실천해 옮기자. 나의 문제를 인식했는데도 고치려 들지 않는 것은 일정 부분 나를 포기하는 것이나 다름없다. 문제 인식이 생각을 유발하고, 생각이 행동을 이끌어 내며, 행동을 통한 변화가 마침내 내가 원하고 주도하는 삶을 완성한다.

제 15 장

블루오션과 차별화 전략

- 굼벵이도 구르는 재주가 있다
- 경영학에서 본 블루오션 찾기
- 나의 블루오션을 찾아라

제15장 블루오션과 차별화 전략

■ 굼벵이도 구르는 재주가 있다.

"야, 굼벵이만도 못한 놈아!" 옛 어른들은 동작이 굼뜨고 게으르기 짝이 없는 아이를 나무랄 때 애먼 굼벵이를 차출하곤 하였다. 그러고는 '굼벵이도 구르는 재주가 있다'고 결정적 한 방을 날리면서 굼벵이만도 못한 쓸모없는 사람으로 위상을 내동댕이쳐 버린다. 물론 부지런하면 좋겠고, 뭐라도 잘하면 얼마나 좋을까 하는 안타까운 심정을 드러낸 표현이다.

사실 굼벵이는 2cm가 채 안 되는 크기에 몸통은 짜리몽땅하여 제대로 기지도 못하는 굼뜨기로 소문난 매미의 애벌레를 말한다. 어쩌다 지상에 노출되어 죽음의 위기가 닥쳤을 때는 기껏 기어 봐야 부처님 손바닥의 손금만큼도 못 기어간다. 그러니 냅다 구르는 것 말고는 달리 방법이 없다. "휴, 살았다. 까딱했으면 생을 종칠 뻔했네." 아무튼 굼벵이의 구르는 재주는 자신의 생명을 보호해 주는 소중한 무기임에는 분명한 것 같다.

굼벵이도 구르는 재주가 있다는 속담을 소환하게 된 이유는 다른 데 있다. 바로 필자의 경험담을 소개하고 싶어서다. 군대를 제대하고 고향에서 잠시 머무는 동안에, 어느 날 아버지께서 나를 호출하셨다. 그때 하신 말씀이 바로, "하찮은 미물에 불과한 굼벵이도 구르는 재주가 있다는데, 도대체 너는 누구냐?"

"너는 누구냐?" 이 한 마디에 필자의 운명은 완전히 뒤바뀌었다. 지금의 나로서 존재한 것도 바로 이 말씀 덕분이다. '너는 누구냐'를 붙들고 과거와 현재와 미래를 왕래하면서 생각에 생각을 거듭한 끝에, 전혀 다른 인생을 살기로 다짐하고 새로운 나를 찾아서 서울행 완행열차에 몸을 실었다.

무엇보다도 게으름이 일차 공략 대상이었다. 당시 우리 집 가족이 된 지 얼마 안 된 형수님마저도 나의 첫인상으로 항상 빈둥거리며 누워있는 사람으로 인식하셨다니, 게으르기 짝이 없는 한심한 놈이었다. 결론적으로 새로운 나로 거듭나기 위한 첫 과제인 게으름의 문제를 단칼에 혁파하니 세상이 달리 보이고, 생각과 행동이 완전히 달라졌다.

땡전 한 푼 없는 암울한 처지에다 학창 시절에 배웠을 법한 얄팍한 기억마저 사라져 버린 텅 빈 머리를 가졌으면서도, 할 수 있다는 믿음 하나로 대학을 가겠다고 결심하였다. 그리고 부모의 도움을 받을 처지는 못 되었지만, 다행히 형님과 누나의 도움으로 온전히 공부에만 전념할 수 있는 천금과도 같은 10개월의 시간을 얻을 수 있었다.

얼마나 책을 파고 또 팠던지, 야구 선수가 홈런을 칠 때 공이 호박만 하게 보이듯이 문제의 답들이 진짜로 팝콘처럼 툭툭 튀어나왔다. 결과적으로 필자는 대학 진학이라는 생애 첫 목표를 완벽하게 성취하였다. 과거의 나라면 상상조차 할 수 없을 높은 점수로 건국대학교에 성적우수 장학생으로 선발되어 4년간 수업료 한 푼 안 내고 학교를 졸업할 수 있었다.

나의 부지런한 태도는 직장이나 개인 생활에서도 변함없이 이어지고 있다. 가장 일찍 출근하는 직원은 나였다. 나는 술자리가 잦은 업무 특성상 운동을 하라는 의사의 조언에 따라, 나이 40 이후부터는 10년간 쉬지 않고 달리기를 하였다. 심지어 술에 취해 자정 너머 집에 도착해서도 동네 주변 달리기를 하였으니, 집사람이 미쳤다고 했던 말이 조금도 이상하지 않았다. 50 이후부터는 의사의 무릎 보호 권유에 따라 달리기에서 등산으로 취미를 바꿔 지금까지 친구들과 등산을 즐기고 있다. 그 결과 장딴지에 쇠줄같이 박혀 있는 근육이 나의 몸속에 훈장으로 들어와 있다.

'부지런함'의 테도 변화는, 육체는 물론 정신도 각성을 시켜서 적극적이고 긍정적인 생각, 그리고 도전 의식을 불러일으켜 끝내는 목표를 달성하게 해준다는 사실을 삶의 현장에서 자주 체험할 수 있었다. 블루오션이 별거던가? 필자는 가장 심각한 고질병인 게으름의 문제를 극복하고 나서 비로소 나의 블루오션을 찾을 수 있었다.

■ 경영학에서 본 블루오션 찾기

• 외부에서 찾는다.

경영학의 그루 중에 하버드 비즈니스 스쿨(Harvard Business School)의 마이클 포터(Michel E. Porter) 교수가 있다. 그는 산업의 수익성 분석을 통해 대부분의 산업들이 8%와 16% 사이의 수익성을 가진 것으로 전체적인 모양이 정규분포를 띄고 있음을 확인하였다. 또한 전체 산업 중에서 6.5%의 산업은 수익성이 나쁜 산업이고, 20.6% 정도의 산업은 수익성이 상대적으로 높은 산업이라는 사실에 주목하고, 이러한 산업 간의 수익성 차이를 설명하기 위해 산업구조론에 입각한 경쟁전략 이론을 발전시켰다.

그는 산업조직론 경제를 이론적 배경으로 삼아 연구하면서, 시장의 구조가 기업의 행동을 결정하고, 기업의 행동에 따라 성과가 결정된다는 결론을 도출하였다. 또한 산업의 구조를 분석하기 위해서 잠재적 진출기업의 위협, 기존 기업 간의 경쟁, 공급자의 교섭력, 구매자의 교섭력, 대체품의 위협 등 다섯 가지의 경쟁 결정 요소(5 Forces Model)를 제시하였다.

결론적으로 마이클 포터는 경쟁 요소를 외부 환경에서 찾는 데 주력하였으며, 기업이 수익성을 창출하기 위해서는 외부 환경 분석, 특히 산업 간 수익성 분석을 철저히 하여 수익성 우위 산업을 찾아서 진출해야 하고, 이에 맞춘 개별 기업의 경쟁전략을 결정해야만 성공 확률과 수익성을 동시에 높일 수 있다고 주장하였다.

• 내부에서 찾는다.

마이클 포터로 대변되는 산업구조론적 사조가 주로 외부 환경을 분석하는 관점을 지향했다면, 이에 반하여 기업 내부의 역량에 관심을 가지는 학파가 등장하게 되었다. 대표적인 학자로는 런던 비즈니스 스쿨(London Business School)의 게리 하멜(Gary Hamel) 교수와 미시간 대학교(University of Michigan)의 프라할라드(C. K. Prahalad) 교수가 있다. 이들은 《Competing for the Future》라는 저서를 통해 기업의 핵심역량에 대한 자신들의 이론을 소개하였는데, 자원거점이론(Resource-Based View, RBV)이 그것이다.

이 이론의 핵심은, 기업 자체를 사업의 집합이 아니라 핵심역량의 집합이라는 관점에서 본 것이다. 예를 들어, 항공산업의 수익성을 분석해 보면 1970년대에는 1~3% 정도로 전체적으로 수익성이 높지 않은 산업이었다. 1980년대 후반 이후에는 수익성이 마이너스까지 떨어진 적도 있었다. 외부 경쟁 요소를 중시하는 산업구조론자들의 입장에서는 매력이 없는 산업에 해당한다.

그런데 동종의 산업군인 사우스웨스트 항공은, 항공산업 전체의 낮은 수익성에도 불구하고 창립 이후 지속적인 성장을 거듭하고 있었다. 사양산업이라 불리는 신발산업에서도 나이키가 계속해서 존재감을 과시하는 것도 산업의 문제가 아니라 내부 핵심역량의 문제라는 것이다. 이는 '사양산업은 있어도 사양기업은 없다'는 사실을 웅변해 주고 있다. 산업의 수익성 여부를 불문하고 내부에 핵심역량을 갖추고 있는 기업은 성공한다는 것이 자원거점이론의 핵심이다.

이처럼 외부의 경쟁 요인을 중시하는 산업구조분석이론과 내부의 핵심역량을 중시하는 자원거점이론이 겉으로는 상반되는 것처럼 보인다. 하지만 이 두 이론에서 시사하는 점은 어느 한 가지 이론이 옳다고 하기보다는 두 이론 모두 외부와 내부 중 어느 한쪽을 완전히 배제하지는 않고 있음을 볼 때, 상호 보완적 관계로서 기업의 경쟁을 설명하는 두 가지 관점으로 이해해야 한다는 것이다.

• 가치혁신으로 블루오션을 찾는다.

블루오션 전략(Blue Ocean Strategy)은 한국인 김위찬(W. Chan Kim) 교수와 르네 마보안(Renee Mauborgne) 교수가 주창한 이론으로 시장의 많은 지지와 사랑을 받고 있다. 이론의 핵심은, 새로운 시장을 창출하여 경쟁자를 없애는 비경쟁 상태를 만드는 것이다. 고객 또한 시장 경쟁에서 고객을 유치하는 것이 아니라 경쟁업체들도 신경을 쓰지 않은 비고객을 대상으로 가치를 제공하는 것이다. 따라서 새로운 시장을 개척하고, 새로운 가치를 제공함으로써 경쟁이 존재하지 않도록 하는 것이다. 경쟁을 인위적으로 없애고 비경쟁 시장을 만드는 것은 가치혁신(Value Innovation)이 가능하게 해준다.

또한 블루오션 전략은 가치혁신 관점에서 새로운 가치곡선으로 사고를 전환시키기 위한 ERRC에 답할 수 있어야 한다. 참고로 ERRC는 가치혁신을 위해서 불필요한 것은 없애고(Eliminate), 산업표준 이하여도 좋은 것은 감소시키고(Reduce), 산업표준 이상 올려야 하는 것은 증가시키고(Raise), 이전에 없던 새로운 것은 창조하는(Create) 기법을 말한다.

'태양의 서커스'는 가치혁신을 통한 블루오션 전략으로 성공한 대표적 사례이다. 태양의 서커스는 기존의 동물쇼는 없애고(E), 스타 곡예사의 스릴과 위험 같은 요소는 감소하고(R), 예술성을 추구하여 품격을 높이고(R), 새로운 체험 요소를 창조(C)하였다.

산업구조론의 외부 경쟁전략에서의 외부 환경 분석 및 대응, 자원거점이론에서의 사업 중심이 아닌 기업 내부 핵심역량을 통한 경쟁우위 확보, 그리고 경쟁을 없애고 비고객을 새로운 고객층으로 확보하는 블루오션의 가치혁신은 각기 다른 관점에서 본 생존전략이지만 지향하는 목표는 하나, 즉 시장에서의 성공임을 알 수 있다.

• 유비무환의 정신은 약방의 감초다.

사업에서 성공하기 위해서는, 그 업에서 성공할 수 있는 경쟁우위 요소인 핵심역량을 갖추고 있는가에 초점을 맞추어야 한다. 우선 사업부터 시작하고, 필요한 것은 나중에 돈으로 해결할 수 있다는 생각은 너무나 비현실적인 발상이다. 더구나 업에 대한 기본도 정확히 모르면서 다른 사람을 시켜서 업을 추진한다는 것은, 섶을 짊어지고 불을 끄러 불 속에 뛰어드는 것이나 마찬가지이다. 남이 장에 가니까 나도 무작정 따라가는 행동은 홀로 가니 심심하기 짝이 없는 남 좋은 일만 시켜주는 꼴이다.

따라서 업을 시작하는 당사자는 먼저 그 분야에 대해 정통해야 한다. 스스로 그 분야에 정통하고, 이어서 핵심역량 가운데 중심인 최고의 인재를 영입하고, 특허 등 최고의 기술들을 확보했거나 확보할 것 등을 완벽하게 준비한 다음에 진출해도 늦지 않다. 어차피 사업이란 단시간에 승부를 보는 단거리 경주가 아니라, 긴 시간이 소요되는 장거리 경주와 같은 것이다. 사전에 충분한 준비 없이 조급하게 출발하여 중간에 뒤처지거나 낙오하느니, 차라리 좀 늦게 출발하더라도 충분한 체력을 보강하고 완벽하게 준비한 연후에 출발하는 것이 훨씬 좋은 결과를 기대할 수 있다.

애플이 좋은 예이다. 애플은 시장이 받아줄 준비가 되지 않은 상태에서는 결코 제품을 고객에게 선보이지 않는다. 그 대신 고객의 기대에 맞추기 위해 더 많이 연구에 집중하고 소비자의 니즈를 충족시키기 위해 부단한 노력을 기울인다. 제품화되기 이미 5~6년 전부터 관련 특허가 쌓이는 것을 보면, 얼마나 준비에 치밀한가를 여실히 알 수 있다. 애플은 고객이 필요하다고 느끼는 바로 그 시점에 맞춰서, 다른 기업들이 많은 초기 비용을 부담하면서 닦아 놓은 고속도로를 공짜로 이용하여 안전하게 고객들에게 가치를 제공한다. 어떤 때에는 참 얄밉다는 생각도 든다. 하지만, 사업이란 출발 시점이 중요한 것이 아니라, 누가 최종 승자가 되느냐가 중요한 것이다.

물론 기술이 급변하고, 제품수명주기가 짧아지고, 고객의 니즈가 시시때때로 변하는 지금의 상황에서는 선점 효과를 통해서 브랜드 인지도를 제고시키고, 시장 점유율을 유지하는 것이 중요한 마케팅 전략일 수 있다. 따라서 애플의 사례를 든 것은 선점전략의 중요성을 무시하는 말이 아니라, 철저한 준비의 필요성을 강조하기 위함이다. 성공확률이 날로 낮아지고 있는 현실에서는 개인이나 기업이나 시작이 중요한 것이 아니라, 유비무환의 정신 자세로 완벽하게 준비하여 때를 기다리는 것도 블루오션을 찾는 중요한 전략 중 하나이다.

■ 나의 블루오션을 찾아라.

나의 블루오션은 무엇인가? 나의 핵심역량은 무엇인가? 나의 외부 환경은 어떠하고, 또 나의 장점은 무엇인가? 이런 질문을 하면, 대부분 잘 모르겠다고 고개를 가로젓는다. 한편으로는 모른다고 답하는 것이 당연하다는 생각도 든다. 왜냐하면 묻는 사람의 질문을 지나치게 거창하게 받아들여서 대단한 의미가 있는 답변을 원하는 것으로 지레짐작해 버리는 경우가 많기 때문이다.

실제는 전혀 반대인데 말이다. 대부분 소질과 재주가 없어서가 아니라 잘못된 인식 때문에 자신의 블루오션을 찾는 데 어려움을 겪고 있다. 누구나 먹고 살아가도록 한 가지 이상의 재주는 가지고 태어났다는 믿음을 가지고, 블루오션을 찾는 데 필요한 몇 가지를 살펴볼 필요가 있다.

• 블루오션을 찾기 위한 첫 번째, "비교 대상을 현실화하라."

비교 대상을 최고에 맞추면 안 된다. 비교 대상은 지극히 현실적이어야 한다. 자타가 최고라고 공인하는 출중한 사람들과 비교하면 자신의 소질이 비참할 정도로 볼품이 없고 왜소해 보이는 것은 당연지사이다. 방송에서 자주 보는 유명 인사들은 모두가 그 업에서 최고로 성공한 사람들이거나 선택받은 극히 소수에 해당하는 사람들이다.

그렇기에 그들 수준의 소질과 재주를 가지지 못했다고 낙망할 필요는 전혀 없다. 비록 양과 질은 다를 수 있지만, 나도 나다운 소질과 재주를 분명히 가지고 있다.

시계 점포를 기웃거려 보면, 조그만 손목시계에서부터 크기가 장난이 아닌 건물 현관용 시계까지 종류가 다양하기 그지없고, 가격 또한 천차만별이다. 세상 이치도 이와 별반 다르지 않다. 크고 좋은 것만 보고 비교하니까, 자신의 능력과 재주를 하찮은 것으로 스스로 격하시켜 버린 것이다.

비교 대상을 현실화하고 나를 마주하면 나의 소질이나 재주가 그 무엇과도 비교할 수 없는 가치가 있음을 확인할 수 있다. 우리 앞의 식탁 위에는 수천 가지가 종류와 형태를 달리하여 소질에 맞게 선택할 수 있도록 다양하게 진열되어 있다. 그 크기에 맞게 소질과 재주를 잘 쓰기만 하면 누구나 성공할 수 있다. 블루오션은 그렇게 찾는 것이다.

• 블루오션을 찾기 위한 두 번째, "나의 소질과 재주를 먼저 보라."

그 업이 안 되는 업이니까 안 한다가 아니라, 그 업을 수행할 소질이나 재주가 없으니까 안 한다는 말에 초점을 맞추어야 한다. 장사 한번 해보겠다고 용기를 내서 얘기하면, 도시락 싸 들고 다니면서 말

리겠다는 사람들이 많다. 물론 장사해서 돈 벌기가 그만큼 어렵다는 현실에서 나온 말일 것이다. 그런데, 세상에 물건을 사고팔고, 먹는 것을 사고파는 행위가 어디 한순간에 사라지고 없어지는가? 결론은 나의 소질과 재주가 그 업과 맞지 않아서 실패한 것이다.

이럴 때는 내부에서 해법을 찾는 자원거점이론에 주목해야 한다. 외부 상황이 어떠하든지 핵심역량(소질과 재주)만 갖추고 있으면 얼마든지 성공할 수 있다. 따라서 블루오션을 찾는 데는 업을 보기에 앞서 나의 핵심역량과 경쟁우위 요소를 확인하는 것이 중요하다. 물론 산업구조론의 관점에서 경쟁이 격화되고 수익률이 떨어지는 업에 진출할 때는 신중에 신중을 기해야 한다. 산업구조론에 근거한 성공 가능성의 확률 내지는 수익성에 관한 확률 예측은 여전히 유효하기 때문이다.

• 블루오션을 찾기 위한 세 번째, "남과 다르게 차별화하라."

요즘 식당 운영하기가 무척이나 힘들다고들 한다. 그럼에도 불구하고 식당을 운영해서 성공한 사람들은 주변에 많이 있다. 어떻게 성공할까? 식당을 해서 성공한 사람들은 하나같이 남다른 차별화된 특징들을 가지고 있다. 맛의 노하우나 친절 서비스 정신이 남다르고, 간판이나 내부 디자인 등 외형은 물론 신메뉴 등을 개발하여 새로운 고객을 창출할 줄 아는 남다른 소질과 재주를 가지고 있다. 그리고

이 모든 것을 가능하게 해주는 남다른 열정을 가지고 있다. 그래서 잘되는 식당에 가보면, '뭔가 다르다'는 얘기를 쉽게 들을 수 있다.

여기에서의 차별화는 그렇게 힘들거나 어려운 것이 아니다. "브라질 아마존에 사는 나비의 날갯짓이 미국 텍사스에 태풍을 일으킬 수 있다"는 사실은 과학으로 입증된 나비효과(Butterfly Effect)이다. 나비효과란 나비의 작은 날갯짓이 날씨의 변화를 일으키듯이 미세한 변화나 작은 사건이 추후 예상하지 못한 엄청난 결과로 이어진다는 의미이다. 사업에서도 마찬가지로 나비효과처럼 거들떠보지도 않을 정도의 작은 차별화 요소들이 성공을 보장해 주는 가치혁신이 될 수 있다. 지극히 사소하게 보일 수 있는 몸에 익은 웃음 하나가 고객을 단골로 만든다는 사실에 의미를 새겨야 한다. 사소한 남다른 차이조차도 갖추지 않고, 더구나 그러한 노력도 하지 않고 막연하게 운에 편승해서 업에 뛰어든다면 성공확률이 떨어지는 것은 당연한 결과이다.

• 블루오션을 찾기 위한 네 번째, "유행에 지나치게 의존하지 말라."

우리나라 국민들은 유행에 비교적 민감한 편이다. 노래방이 유행이었던 시절이 있었다. PC방이 잘된다고 하니 너나 할 것 없이 뛰어들었다. 20여 년 전에는 각종 찜질방이 선풍을 일으켰다. 최근에는 은퇴자들을 중심으로 편의점이 유행을 이어받았다. 주식도 부동산도, 이외에도 예를 들자면 한이 없다.

잘된다고 하면 예외 없이 유행병에 걸려서 뛰어들고 있으나, 곧 이어진 난립과 공급 초과로 인해 초기 투자자나 자문해 주는 업체만 배를 불려줄 뿐, 정작 거액을 투자한 당사자는 돈을 벌기는 고사하고 손해를 감수해야 하는 처지에 내몰리게 된다. 유행을 좇기 전에 반드시 경영학의 그루인 포터 교수의 다섯 가지 경쟁 결정 요소(5 Forces Model)를 숙고해야 한다.

유행은 진입 장벽이 높지 않아서 반드시 경쟁을 격화시킨다. 경쟁이 심화되면 반드시 수익성이 떨어진다는 것은 삼척동자도 다 아는 경제 상식이다. 유행을 좇는 것은 당장은 달콤해 보이지만, 그 달콤함이 견딜 수 없을 만큼 쓴맛으로 반드시 되돌아온다. 유행을 좇는 사람이 많은 시장에서는, 그 유행병으로 인해 시선을 끌지는 못하지만 큰 이익을 낼 수 있는 다른 업들이 숨은 보석으로 엄연하게 존재한다는 사실을 명심해야 한다. 유행을 따르고자 고민하는 시간에 다른 업을 찾기 위해 노력할 일이다. 유행에 지나치게 의존하지 않으면, 비로소 나의 블루오션이 보이기 시작한다.

• 블루오션을 찾기 위한 다섯 번째, "끊임없이 지식을 탐구하라."

지식경영의 대가인 일본의 노나카 이쿠지로(野中郁次郎) 교수는 다양한 자원 중에 모방하기 힘든 자원을 많이 가질수록 핵심역량에 가깝고, 지속적인 경쟁우위의 원천이 될 수 있다고 강조한다. 그러면서 지식을 창출하는 것이 지속적 혁신을 창출할 수 있는 근본적 자원이 되고, 이것이 경쟁우위의 원천이라고 보았다. 또한 지식은 형식지(명시적 지식)와 암묵지(암묵적 지식)로 구성되어 있다. 형식지는 서구에서 강조하는 지식으로 측정할 수 있고 계량화할 수 있는 객관적인 데이터인 반면에, 암묵지는 동양적 사고관으로 지식 역시 객관적인 데이터라기보다는 상당히 주관적이고 직관적인 정보라고 생각하였다. 서구에서는 지식을 객관적인 것으로 요리의 레시피와 재료로 보았다면, 일본에서는 지식을 주관적인 것으로 주방장이 가지고 있는 손맛과 같은 노하우가 포함된 종합적 선물로 보았다.

마쓰시타 제빵기가 좋은 사례이다. 마쓰시타전기에서 만든 제빵기의 초기 제품은, 기술적 측면을 모두 반영했음에도 불구하고 만족할 만한 빵을 구워내지 못했다. 이에 마쓰시타(松下幸之助)는 한 유명 호텔 수석 제빵사의 비결인 살짝 비트는 노하우(Twist Dough Knowhow)를 적용하여 만족할 만한 빵을 구워내는 제품을 출시할 수 있었다. 그 제빵사의 노하우는 레시피에도 없고, 어떤 기술 책에도 없는 아무도 흉내 낼 수 없는 독보적인 노하우, 바로 암묵지인 것이다.

마쓰시타의 예에서 설계 기술 등의 형식지와 제빵사의 노하우인

암묵지가 결합될 때 기대 이상의 성과가 나타난다는 것을 알 수 있듯이, 암묵지는 누구나 할 수 없고 쉽게 모방할 수도 없는 강력한 핵심역량임을 알 수 있다. 지식을 탐구하는 길 위에 블루오션이 앞서 달릴 채비를 마치고 기다리고 있다.

• 블루오션에서 얻는 결론, "좋아하고, 잘하는 것을 즐겨라."

슈퍼마켓 운영으로 큰돈을 번 친구, 아니 정확히는 친구 부인이 있다. 그 친구의 부인한테는 나이 마흔이 다 되도록 자기도 몰랐던 남다른 재주가 있었다. 그 부인은 처음에는 조그만 문방구 가게를 운영했다. 처음 문방구 가게를 시작하는 사람들은 진열된 상품 수에 놀라고 천차만별인 가격들에 놀란다고 한다. 지금이야 가격 태그를 붙이는데 바코드를 이용하는 등 방법도 다양하지만, 30여 년 전에는 일일이 주인이 가격을 외우고, 상품 위치도 찾아야 했다.

그런데 이상하게도 학창 시절에 공부 좀 해보겠다고 책상에 앉아서 억지로 외우려고 할 때는 그리도 암기가 어렵더니만, 상품의 위치나 상품의 매입가격이나 판매가격이 그냥 머리에서 툭툭 튀어나왔단다. 전혀 몰랐던 자신의 유별난 재주에 대해 스스로 놀라고, '내가 해야 할 일은 이것이다' 싶어서 아파트 단지 내 지하상가를 빚을 내 임차하여 슈퍼마켓을 본격적으로 운영하였다. 결과는 대성공이었다. 고객들도 그녀의 능력에 대해 감탄하고, 소문에 소문이 더해져서 문전성시를 이루었다.

결론은, 자신이 장사에 소질이 있는 사람이라는 사실을 늦게나마 찾은 것이고, 그 장점을 이용해서 자신의 업을 정확히 정한 것이었다. 10년이 지나지 않은 시기에 가게가 슈퍼가 되고, 슈퍼가 사업이 되어 지금 그녀는 무려 10개가 넘는 사업체를 운영하면서 성공 가도를 달리고 있다. 중요한 것은 부자가 된 것이 아니라 자신의 잠재된 소질을 발견하고, 그 소질을 이용해서 자신에 맞는 업을 찾아 성공하고, 자신이 보람을 찾았다는 사실이다.

필자의 막냇동생은 다른 형제들에게는 없는 탁월한 손재주가 있다. 20대 중반이 될 때까지도 그 자신은 물론 가족 누구도 몰랐다. 다행스럽게도 군대에서 소질을 발견했다. 군대에서 공무 비슷한 일을 하면서도 틈틈이 짬을 내서 미니어처 함선 등을 나무로 제작해서 제대병들한테도 선물로 주고, 집에도 가져왔다. 전문적으로 공부한 것도 아닌데 정말이지 놀랄 '노'자였다. 주변에서 칭찬이 자자하니 본인도 만족해했다. 제대 후에 그 분야의 일을 해보고 싶다는 욕구가 분출하여 열 일 제쳐두고 직업 전선에 뛰어들었다. 지금은 자기가 좋아하는 분야의 직업을 평생 업으로 삼고, 인생을 즐기면서 만족스러운 삶을 살고 있다.

여러 가지 취미생활을 즐기면서 행복하게 살아가는 친구도 있다.

친구의 원래 특기는 사진이었다. 자신의 작품들로 개인전도 열었으니 실력이 수준급이었다. 그런데 은퇴 후에는 성악에 취미를 붙여 지역에서 운영하는 성악 모임에 가입하여 열심히 성악을 공부하였다. 처음 배운 것이라는데 평가할 주제는 못 되지만, 필자가 보기에 썩 잘 부르고 실력도 꽤 늘었던 것 같다. 물론 실력이 무슨 대수겠는가? 좋아하고 만족하면 그만이지. 또 어느 해에는 목공예 동호회에 가입하여 목공예에 취미를 붙이더니 재미에 홀딱 빠져 있었다. 일찍 특기를 찾았으면, 한국을 대표하는 목공예 전문가가 되지는 않았을까? 아무튼 다른 친구의 집들이가 있는 날에 직접 만든 협탁을 선물하니, 협탁 하나로 인생 2막을 살아가는 친구 중에 최고로 멋지게 사는 친구로 인증을 받았다. 얼마 전에는 전화했더니, 이번에는 가죽 공예란다. 이 친구 재주의 끝은 과연 어디까지일까? 이 얼마나 멋있는 삶인가!

매사 호기심을 가지고 새로운 것을 끊임없이 탐구하면서 내가 좋아하는 것을 찾고, 하고 싶은 것을 하면서 사는 인생, 그것이 바로 행복이고 성공이다. 누구나 재주 하나는 가지고 태어난다. 나의 재주를 찾는 것, 나의 특기를 찾는 것, 내가 좋아하는 일을 하는 것, 이것이 바로 나의 블루오션의 지향점이다.

제 16 장

신언서판과 브랜드 전략

- 브랜드 가치의 중요성
- 브랜드의 기본, 믿음과 신뢰
- 나의 브랜드를 관리하라

제16장 신언서판과 브랜드 전략

■ 브랜드 가치의 중요성

브랜드란 기업이 자기 상표에 대해서 다른 기업의 것과 구별하기 위하여 사용하는 상표의 이름, 슬로건, 심벌 등의 요소로 구성된 표지를 말한다. 기업들은 브랜드의 힘을 통해서 자기 회사 제품을 다른 회사의 제품보다 돋보이게 하여 경쟁에서 유리한 위치를 차지할 수 있도록 다양한 브랜드 가치를 높이기 위한 전략을 구사하고 있다. 마케팅에 있어서 브랜드는 자사의 제품을 시장에 나와 있는 여러 경쟁 제품들과 구분 짓는 인지도를 형성하고, 소비자들의 마음속에서 자사 제품에 대한 선호도와 구매 의도를 높이고, 자사 제품에 대한 높은 충성도를 구축할 수 있도록 도와준다.

전통적으로 기업 회계에서는 자산을 유형자산과 무형자산으로 구분하는데, 유형자산은 토지, 건물, 설비, 공장 등이 포함된다. 무형자산은 오랜 기간 사용가치를 지니면서도 구체적인 형태가 없는 자산으로 특허권, 저작권, 영업권 등이 있다. 브랜드는 회계상에 잡히지는 않고 있으나, 기업의 무형자산으로서 가장 큰 가치를 가지고 있으면서 기업 생존과도 밀접하게 연관되어 있다. 이런 이유로 현재 많은 우량기업들은 ESG(Environment: 환경, Social: 사회적 책임, Governance: 지배구조) 활동에 적극적으로 참여하여 브랜드 가치 제고를 통한 소비자 애호 활동에 심혈을 기울이고 있다.

무형자산으로서의 브랜드는 금액으로 환산 가능한 자산적 가치와 소비자의 선호도, 충성도에 기반한 인지적 가치로 나눌 수 있다. 글로벌 브랜드 컨설팅 전문업체 인터브랜드는 매년 글로벌 100대 브랜드를 발표한다. 2020년도 삼성전자의 브랜드 가치는 623억 달러로 세계 5위로 평가받고 있으며, 미국을 제외하면 단연 세계 1위이다. 현대자동차는 143억 달러로 세계 36위, 동일 업종 브랜드만 놓고 보면 세계 5위로 테슬라(40위), 아우디(44위)보다 높은 브랜드 가치를 평가받고 있다. 우리나라 기업들이 세계적인 브랜드로 높은 가치를 평가받고 있다는 것은 한국인뿐만 아니라 전 세계인의 사랑을 받고 있다는 의미로, 한국인으로서 자랑과 긍지가 아닐 수 없다.

브랜드의 자산적 가치도 의미가 크지만, 더 중요한 것은 인지적 가치이다. 물론 자산적 가치와 인지적 가치는 형태로 구분할 뿐 상호 연계되어 있다. 브랜드의 인지적 가치는 고객의 인식 체계상 브랜드의 애호도와 충성도를 의미한다. 고객을 유치하고 유지하며 구매와 재구매를 반복하게 하고, 고객 스스로 구전 활동(Word of Mouth, WoM)을 통해서 새로운 고객을 유치하게 하는 브랜드의 힘이다. 브랜드의 인지적 가치가 높은 기업은 고객과의 자발적인 커뮤니케이션

네트워크가 구축되어 기업의 지속 가능한 성장을 공고히 해 준다.

브랜드의 인지적 가치가 높은 기업은 경쟁기업보다 훨씬 유리한 위치에서 마케팅을 할 수 있다. 브랜드 가치가 상대적으로 높은 A사와 브랜드 가치가 상대적으로 낮은 B사가 동일 시장을 타깃으로 경쟁을 한다. 사실 제품의 특성이나 완성도에 있어서는 표준화가 이루어져서 회사 간 별반 차이가 없다. 그런데 두 회사가 제품 고장 문제로 A/S가 필요한 상황에서는 브랜드의 가치에 따라 고객의 평가가 확연히 달라진다.

고객의 인지적 평가는 똑같은 불량 사안임에도 완전 극과 극이다. A사의 소비자는, '어쩌다 잘못해서 불량이 나왔겠지' 하면서 불량 원인을 제공한 기업을 두둔하기까지 한다. B사의 소비자는, '그러면 그렇지. 이 회사 망해야 돼' 하면서 제품은 물론 회사마저 도매금으로 매도해 버린다. 누가 시장의 승자가 되겠는가?

브랜드 가치는 한 기업의 생사를 가를 만큼 중요하다. 어느 견실한 중견기업이 CEO의 잘못된 언행으로 인해 사회적 지탄의 대상이 되고 시장에서 퇴출될 위기에 처한 경우도 볼 수 있었다. 고객의 마음은 갈대와 같아서 브랜드 가치는 얼마든지 변할 수 있다. 따라서 기업이 꾸준히 브랜드 가치 제고를 위해서 노력하지 않으면, 어느 순간 장삼이사(張三李四)가 되어 시장에서 존재 가치를 잃고 말 것이다.

초우량기업은 문제가 발생했을 때 고객을 탓하지 않고, 무조건 자기의 문제라 고백하고 고객의 목소리에 귀를 기울여 더욱 분발하고 있다.

■ 브랜드의 기본, 믿음과 신뢰

기업과 마찬가지로 국가도 브랜드가 있다. 국가 브랜드란 한 국가에 대한 인지도, 호감도, 신뢰도 등 유형, 무형의 가치들을 종합한 것을 말하며, 이것을 지수화한 것을 국가 브랜드 지수(Nation Brand Index)라고 한다. 우리나라는 국가 브랜드 관리를 위해서 2009년에 대통령 직속의 국가 브랜드 위원회를 설치하였다. 2017년 자료(Made in country index 2017)에 의하면 Made in korea의 국가 브랜드 순위는 21위에 랭크되었다. 1위는 독일, 2위는 스위스 등등 북미와 유럽을 중심으로 선진국들이 상위에 포진되어 있다. 2020년 US News가 발표한 주요 80개국 대상의 국가 브랜드 순위는 1위 스위스, 2위 캐나다, 3위 일본, 4위 독일 · · · 20위 한국으로 몇 년 전과 비교해서 우리나라의 브랜드 순위에는 큰 변동이 없다.

소비자는 제품이 어느 나라에서 만들어졌는지 확인하고 국가 브랜드 가치를 고려해서 해당 기업 제품의 브랜드 가치를 평가하는 경향이 짙다. 따라서 브랜드 가치가 높은 나라의 제품에 대해서는 더 비싼 가격을 지불해서라도 기꺼이 구매하고자 한다. 이렇듯 국가 브랜드는 국가의 경제적 위상과 국가 경쟁력에 직접적인 연관성을 가지고 있으며, 자국 기업의 브랜드 가치에도 직접적인 영향을 미치고 있다.

대부분의 나라들은 'Made in'을 나라 이름 앞에 붙이지만, 국가 브랜드 인지도 2위인 스위스는 자국 제품에 대해서는 아예 'Swiss Made'라고 표기한다. 'Swiss Made' 자체가 국가의 자부심으로서 국가가 기업 브랜드 가치를 보증하면서 동시에 국가 브랜드로 국격을 높이는 것이다. 우리나라는 그동안 K-POP, K-Drama, K-Movie, K-Game, K-방역 등으로 국격이 점차 상승하고 있다. 거기에 세계 경제를 선도하는 전자, 반도체, 자동차, 조선 등의 우량기업들이 기업 브랜드 가치를 높임과 동시에 국격을 높이는 데에도 크게 기여하고 있다. 이렇듯 국가와 기업은 상호 브랜드 인지도 제고를 위해 서로를 밀어주고(push strategy), 당겨주는(pull strategy) 협력자이면서 동반자 관계이다.

그렇다면 브랜드에 있어서 가장 중요한 것은 무엇일까? 믿음과 신뢰이다. 믿음과 신뢰는 어디에서 나오는가? 대상은 사람과 제품이고, 본질은 진실성이다. 믿음은 사람과 사람 사이의 관계 속에서 약속으로 이루어지며, 신뢰는 한번 맺은 믿음을 변함없이 행동으로 보여주고 앞으로도 변치 않고 지킬 것이라는 확신이다. 따라서 브랜드 가치를 높이기 위해서는 제품의 진실성에 대한 믿음과 그 믿음을 절대 배반하지 않는다는 신뢰를 행동으로 보여줄 때 가능하다. 브랜드 가치가 믿음과 신뢰의 관계라면 인간관계도 믿음과 신뢰의 관계인 만큼 사람도 적극적으로 브랜드 관리를 할 필요가 있다.

■ 나의 브랜드를 관리하라.

개인도 자기 브랜드를 적극적으로 관리하여야 한다. 나의 브랜드 상징으로 우선 이름이 생각난다. 나의 이름 속에는 가족관계, 성격, 개성, 라이프스타일, 가치관, 직업관, 인생관, 기타 등등의 각종 요소들이 포도송이처럼 노드(node)와 링크(link)를 통해 연상망으로 연결되어 나를 표현하고 있다. '내 이름 석 자를 걸고 맹세한다'는 말 들어 보았는가? 이름은 나를 상징하는 나의 전인격이다. 나의 브랜드 가치를 높인다는 것은 국가나 기업과 마찬가지로 나의 인지도, 호감도, 신뢰도를 높인다는 말이다.

• 브랜드 관리의 기본 축은 신언서판이다.

신언서판(身言書判)은 중국 당대에 관리를 선발하는 데 심사의 기준이 된 네 가지 핵심 요건을 말한다. "첫째, 인물과 됨됨이, 즉 기본을 갖추고 있는지? 둘째, 말을 논리적으로 사리에 맞게 하고, 정확한 의사 표현을 하는지? 셋째, 글을 맥락을 유지하면서 주제에 합당하게 잘 쓰는지? 넷째, 사물의 시시비비를 가려서 옳게 판단하고 분별하는

지?”를 기준으로 삼고 있다. 브랜드 관리의 핵심 요소인 신언서판을 중심으로 필자의 생각과 경험들을 덧붙이고자 한다.

첫째로, 신(身)은 인물과 됨됨이다. 우선 기본인 외모를 가꿀 줄 알아야 한다. 성형까지야 굳이 할 필요는 없겠으나, 웃는 모습이 자연스럽게 표출될 수 있도록 노력해야 한다. 내 경험상 연습하면 웃는 모습은 얼마든지 가능하다. 화장실에 가거들랑 볼펜을 입술 사이에 옆으로 물고 입꼬리가 위로 올라가도록 연습해 보라. 얼마 지나지 않아서 가장 아름다운 얼굴로 변해 있는 자신의 웃는 모습을 발견하게 될 것이다. 또한 부모님이 주신 신체를 건강하게 단련하고 유지하는 것, 즉 건강한 신체가 신의 중요한 항목이다.

됨됨이의 내적 요소인 인성은 외형 못지않게 중요한 신의 평가 항목이다. 건전한 정신을 함양하는 일에 소홀해서는 안 된다. 동서고금을 막론하고 인재를 선발할 때는 건강한 신체와 건전한 정신을 필수 요소로 평가하고 있다. 인성 부분은 제10장에서 이미 언급하였다.

둘째로, 언(言)은 논리적으로 사리에 맞게 정확한 의사 표현을 하는 것이다. ‘말 한 마디에 천 냥 빚을 갚는다’는 속담이 있다. 말의 중요성을 강조한 것이다. 말에도 품격이 있다. 말이라고 다 말이 아니고 말다운 말이 진짜 말이다. 말을 할 때는 거짓이 있어서는 안 된다. 과장이 있어서도 안 된다. 모르면서 아는 체해서도 안 된다. 상대가 묻는데 기다렸다는 듯이 쉽게 답변해도 실례다. 잠시라도 생각한 연후에 성의 있게 답변해야 한다. 말에는 나쁜 의도나 가시가 있어도 안 된다. 뒷담화는 더구나 안 된다. 진실성 있고 품격을 갖춘 말을 이치에 맞게 논리적으로 표현할 수 있어야 한다.

필자가 직장 다닐 때의 경험이다. IMF 위기 당시에 정부는 기업구조조정이라는 명목으로 반강제적으로 대우전자와 삼성자동차를 맞교환하는 양대 그룹 간 빅딜(big deal)을 추진하였으나, 빅딜 자체의 원천적인 모순과 극심한 반대 여론에 밀려 결국 무산된 일이 있었다.

이때 대우전자는 부당하게 강요된 빅딜 철회를 국민과 정부에 호소하기 위해 협력사와 합동으로 서울역 광장에서 빅딜 철회 결의대회를 개최하였다. 필자는 수천 명의 사우와 협력사 직원들 앞에 나서서 일장 연설을 했다. 광장에 모인 모두가 나의 연설 실력뿐 아니라 논리정연한 말과 감정선의 자극에 깜짝 놀랐다. 본부장은 끝나고 내려오는 나를 와락 부둥켜안아 주었다. 이후에도 회사의 집회에서 단골 연사가 되었다.

말을 잘하는 것도 연습이 필요하다. 필자는 낡고 해진 한글책을 머리맡에 두고 수시로 큰 소리로 읽으시는 아버지의 모습을 보고, 어릴 적부터 자연스럽게 큰 소리로 책 읽는 법을 습관화했다. 초등학교 때 학교에서 책 읽기에는 단연 1등이었다. 이렇게 소리 내서 읽는 습관이 말을 잘하는 데 큰 도움이 되었다.

셋째로, 서(書)는 맥락을 유지하면서 주제에 벗어남이 없이 조리 있게 글을 쓰는 것이다. 예나 지금이나 글 잘 쓰는 사람은 쓰임새가 많고 대접을 받는다. 학생들에게 글쓰기 과제를 내주면 정말 잘 쓴다. 다 작가 소질이 충분하다. 그런데도 막상 글을 쓰려고 하면 두려움이 앞선단다. 수필 하면 떠오르는 피천득 선생이 말씀하셨듯이 마음 가는 대로, 생각나는 대로, 붓 가는 대로 쓰면 되는데, 무슨 특별한 격식과 독특한 내용이 있어야 하는 것처럼 마냥 두려워한다.

바로 글쓰기 연습이 부족해서다. 글을 잘 쓰기 위해서는 연습을 많이 해야 한다. 필자가 체험한 사실이다. 대학 시절에 헌책방에서 백과사전만큼 두꺼운 신문 논설집을 사서 틈나는 대로 읽고, 필사도 했다. 논설 하면 신문사 최고참 기자들이 쓰는 명문 아닌가? 집중해서 필사를 반복하다 보니, 전달하고자 하는 의도를 어떻게 문장으로 서술하는지, 논리적 전개를 위해서는 문장이 어떤 형식을 갖추어야 하는지, 기승전결이 무엇인지 터득할 수 있었다. 이런 글쓰기 노력 덕분에, 직장 재직 시 내부 인트라넷을 통해 게시한 필자의 글 '2만 사우에게 고함(Ⅰ,Ⅱ)' 격문이 위기의 시절 큰 공감과 단합의 모멘텀이 되기도 하였다.

넷째로, 판(判)은 사물의 시시비비를 가려서 옳게 판단하고 결정하는 것이다. 사리를 분별할 줄 알아야 한다는 말이다. 정이나 사심이 개입되어서는 더구나 안 된다. 순전히 감에 의지해서도 안 된다. 정확한 근거를 가지고 판단해야 한다. 판단은 생사에도 영향을 줄 수 있다. 따라서 사실을 제대로 확인하여 신중하고 정확하게 접근해야 한다. 신실한 마음가짐이 올바른 판단을 이끈다.

판단은 선택의 문제이다. 한 번 선택한 길은 영원히 교차하지 않는다. 그런데도 판단에 소홀해서야 되겠는가? 신중은 판단에 있어서 아무리 강조해도 지나치지 않는다. 소소한 것조차 판단이 흐리멍덩한 사람에게 중요한 판단을 맡길 수 없다. 리더는 올바른 판단을 할 줄 알아야 하고, 그 판단의 결과로 올바른 길로 리드할 줄 알아야 한다.

• 브랜드 관리의 또 다른 축은 간판 관리이다.

식당을 운영하는 젊은 부부가 있다. 다른 사람이 해 오던 식당을 그대로 인수했는데, 내부 인테리어나 외관이 비교적 깨끗하여 비용 등을 고려, 그대로 쓰기로 했다. 신장개업 축하 화환과 현수막을 크게 걸어 놓고 손님을 기대했건만, 인사치레의 지인들 외에는 좀체 보이지 않는다. 이대로 가다가는 사업이 위험에 빠지는 것은 불을 보듯 뻔하다.

왜 이전 식당 주인이 사업을 접고 나갔겠는가? 여러 구실이야 많았겠지만, 결론은 사업이 안 되니까 접은 것이다. 소탐대실이라고 돈 좀 아끼려다 전체를 망가뜨리지 말아야 했다. 바로 마음을 고쳐먹었다. 시장을 다시 분석하고, 내부 인테리어 변화에서부터 음식 메뉴까지 새롭게 바꾸고 유니폼도 밝은 색상으로 하여 완전히 탈바꿈하였다.

완전 무장하여 다시 새 출발이다. 고객은 김수영 시인의 시 〈풀〉처럼, 바람보다 더 빨리 눕고, 바람보다도 더 빨리 울고 바람보다 먼저 일어나는 풀과 같다. 뭐라고! 그만큼 소비자는 직감의 천재라는 말이다. 정신 자세를 가다듬고 메뉴 등 외형을 바꾸니 분위기가 확 달라졌다. 이전 식당 주인이 해 왔던 실패의 악순환이 아닌, 고객과 내가 함께 만족하고 성공하는 기회의 선순환이 창살 틈으로 살포시 비추는 이른 시간 햇살처럼 방긋 미소를 짓는다.

사람도 간판이 중요하다. 세속적인 간판 얘기가 아니다. 지금의 간판으로 안 되면 과감하게 간판을 바꿔야 한다. 흘러간 물은 물레방아를 돌릴 수 없다. 새로운 물줄기를 이용해서 물레방아를 돌려야 한다. 마케팅에서 간판은 중요한 물리적 증거(physical evidence)이다. 사람은 학력, 자격증, 관련 전문지식 등등 많은 유형적인 간판을 가지고 있다. 현재의 간판으로 목적한 것을 이루지 못할 것 같으면 과감하게 바꿔야 한다. 직업상, 업무상 학교 간판을 바꿀 필요가 있다면 대학도 가고, 대학원도 가야 한다. 직장인이라면 사이버도 좋고,

방송통신도 좋고, 아니면 학점은행도 나쁘지 않다. 자격증이 필요한 직업이라면 관련 자격증을 하루라도 빨리 따놔야 한다. 지금은 자격증 시대이다. 어학이 부족하면, 차근차근 어학 공부를 시작하면 된다. 처음부터 잘한 사람은 본 적이 없다. 지식이 필요하면, 온라인도 훌륭한 친구이다. 다방면에 걸친 양질의 지식을 얼마든지 공짜로 얻을 수 있다. 아무짝에도 쓸모없는 간판이라면, 무조건 바꾸는 것이 답이다. 간판을 바꾸기 위해서는 투자와 시간이 필요하다. 자신에게 투자하는 것만큼 값지고 소중한 것이 뭐 있으랴?

나의 브랜드는 나의 가치이다. 나의 브랜드를 통해서 나의 가치를 높이는 일에 충실해야 한다. 나의 브랜드가 나의 인지도, 호감도, 신뢰도를 결정한다. 또한 나의 브랜드는 가치 있는 인간관계를 가능하게 해 준다. 내가 가치 있는 브랜드를 갖추었으면, 나는 이미 가치 있는 사람이 되었다. 이제는 그 가치를 키우는 일에 정성을 쏟기만 하면 만사 불여튼튼이다.

제 17 장

롤 모델과 벤치마킹 전략

- 벤치마킹과 취사선택
- 벤치마킹과 롤 모델
- 벤치마킹 기법을 활용하라

제17장 롤 모델과 벤치마킹 전략

■ 벤치마킹과 취사선택

벤치마크(Bench-mark)란 본래 토목 분야에서 사용되던 말로서, 강물 등의 높이를 측량할 때 기준이 되는 점을 뜻한다. 한강 다리의 교각을 보면 물 높낮이 측정을 위해 선으로 표시해 놓은 것을 쉽게 볼 수 있다. 지금은 경영학에서 경영기법 중 하나로 벤치마킹 용어가 정착되어 현장 경영에 많은 도움을 주고 있다. 일상생활에서 흔히 듣는 말로, "아무개 반만 따라 해봐라. 누구 좀 본받아라"라는 말이 바로 벤치마킹하라는 뜻이다.

기업에서의 벤치마킹이란 자사와 경쟁업체의 경영방식을 비교하여 경쟁업체의 경영 우위 요소 및 강점 요인을 자사의 실정에 맞게 재조작하고, 자사의 장점을 더 강화하면서 경쟁사의 장점 요소를 내재화시키는 경영기법을 말한다. 이외에도 벤치마킹은 주식 벤치마킹 지수, 글로벌 벤치마킹, 정책 벤치마킹, 벤치마킹 시험 등 상대적 비교를 통해서 기준점과 개선점을 파악하는 기법으로 다양하게 활용되고 있다.

벤치마킹 용어가 경영학에 접목된 것은 제록스사의 영향이 크다. 오랫동안 제록스사는 복사기 시장에서 독점적 지위를 누리며 최고로 잘 나가던 회사였다. 그런데 어느 날 복사기 시장에 캐논사라는 들어보지도 못한 일본의 조그만 기업이 진입하여 빠르게 야금야금 시장을 잠식하더니, 급기야 제록스사가 위기를 느낄 상황까지 추격을 멈추지 않았다. 이에 위기를 감지한 제록스사 경영진이 마케팅 담당자에게 특명을 내렸다. '왜, 무엇 때문에' 캐논사가 시장에서 좋은 평가를 받고 있는지를 조사해서 보고하라.

마케팅 담당자는 캐논의 경영전략과 장점 요인들을 면밀하게 조사하기 시작했다. 조사 결과, 제록스사가 미처 갖추지 못한 요소들이 캐논사의 강점 요인이라는 사실을 확인하였다. 제록스사는 문제의 핵심을 정확히 파악하고 새로운 경영전략으로 대응하였다. 즉, 제록스사는 자사의 강점 요인을 더욱 강화하면서 캐논사의 강점 요인을 취사선택 과정을 거쳐 내 것으로 내재화시킨 것이다.

벤치마킹이 경영 용어로 확고하게 자리를 잡는 데는 GE사 잭 웰치(Jack Welch) 회장의 역할이 매우 컸다. 잭 웰치는 경영의 귀재답게 제록스사의 벤치마킹 성공전략을 놓칠 리 없었다. GE사가 회사의 경영혁신 도구로 벤치마킹전략을 전사 차원으로 확대 적용함으로써 산업계 전반에 걸쳐 확산이 이루어졌으며, 현재까지도 중요한 경영혁신 기법으로 다수 기업들이 적극적으로 활용하고 있다.

삼성전자와 애플사는 서로 주거니 받거니 하면서 벤치마킹전략을 잘 활용하는 것으로 정평이 나 있다. 두 회사는 자신들만의 강점과 가치를 온전하게 유지하면서, 상대방의 강점이나 장점을 취사선택하고 나의 것으로 내재화하여, 새롭게 승화시키고 있다. 상호 간 선의의 시장 경쟁자로서 벤치마킹을 통해 서로의 장점을 주고받음으로써 기술의 진보는 촉진되고, 더불어 소비자들의 만족감은 크게 배가되는 것이다.

따라서 벤치마킹은 '그대로 본뜬다'는 모방(copycat)과는 전혀 다른 개념이다. 벤치마킹의 핵심 요소는, 나의 장점은 더욱 강화하면서 동시에 상대방의 강점을 내 것으로 재창조하여 나의 강점과 결합시켜 시너지를 창출하는 것이다.

■ 벤치마킹과 롤 모델

어차피 인간은 모방이라 해도 좋고, 벤치마킹이라 해도 무방한 복수의 '누구'를 본받으면서 성장하게 되어 있다. 어려서는 부모님과 가족, 학생 때는 선생님과 교우, 성년이 되어서는 직장 선·후배나 사회관계 속에서의 만남 등의 영향을 직·간접적으로 받고 산다.

물론 환경도 무시할 수 없이 중요하다. 누구나 맹모삼천지교(孟母三遷之敎)라는 말을 알고 있다. 맹자가 어렸을 때 묘지 근처에 살았더니 장사 지내는 흉내를 내고, 시장 근처로 이사했더니 물건 파는 놀이를 하고, 글방 근처로 이사했더니 비로소 공부하는 태도를 갖췄다는 맹자 어머니의 육아 경험담이다. 근묵자흑(近墨者黑)이라는 말도 있다. '먹을 가까이하는 사람은 검게 된다'는 뜻으로, 나쁜 사람과 가까이 지내면 나쁜 버릇에 물들기 쉬움을 비유적으로 표현한 말이다. 물론 반대의 경우도 성립한다. 사람에게 환경이 그만큼 중요하다는 사실을 강조하고 있다.

세상에서 '창조'라는 것은 창조주만이 할 수 있는 고유 영역이다. 따라서 인간은 이미 창조된 대상물들을 모방하면서 살아갈 수밖에 없는 존재이다. 피카소는 말했다. "유능한 예술가는 모방하고, 위대한 예술가는 훔친다(Good artists copy, Great artists steal)." 어차피 인간은 창조자가 될 수 없기에, 위대한 예술가라면 창조자의 기술을 훔쳐서 새롭게 변신시키는 것, 마치 창조된 것처럼 차원 높게 승화시켜야 한다는 말이다. 참으로 맛깔난 명언이 아닐 수 없다.

인간이 사회적 동물로서 공동체 생활을 하면서 직·간접 경험과 학습, 환경 등의 영향을 받아 성장해 가면서 본능적으로 영향을 주고받는 관계도 중요하지만, 보다 목표지향적이고 의도된 차원의 벤치마킹에 대해서도 깊이 생각해 볼 필요가 있다. 사실 사람들은 벤치마킹이라는 표현을 직접 사용하지는 않고 있지만 나름 벤치마킹을 하면서 살고 있다.

요즘 젊은이들 사이에서 롤 모델이니 멘토니 하는 얘기를 자주 듣게 된다. 어린 시절에 위인전 몇 권 읽지 않은 사람이 없다. 확대하면 목표를 달성하기 위하여 독서에 열중하기도 하고, 전문가가 되기 위하여 제자로 입문하여 행동까지도 본받고자 애쓴다. 이 모든 일이 의도한 목표를 성취하기 위한, 롤 모델을 통한 벤치마킹의 행위임에 틀림이 없다.

■ 벤치마킹 기법을 활용하라.

경영학의 벤치마킹 기법을 활용하여 더 체계적이고 구체적인 벤치마킹 요령을 습득할 수 있다. '기업을 벤치마킹한다'는 문장에서 목적어인 '기업을', 대상인 '누구'로 바꾸면 된다. 벤치마킹을 위해서는 먼저 상대인 누구를 정해야 한다. 누구를 벤치마킹할까? 이럴 때는 내가 하고 있거나, 하고자 하는 일과 직접 관련이 있는 누구를 선정해야 한다.

따라서 벤치마킹 대상으로 누구를 선정하기에 앞서, 나 자신을 먼저 알아야 하고, 내가 하고자 하는 일 등과 관련된 치밀한 분석이 선행되어야 한다. 나에 대하여 정확한 파악이 되었다면, 다음으로 누구를 선정해야 하는데, 누구에 대한 철저한 조사와 분석이 함께 필요하다. 깨에서 참기름이 나오듯이 진액을 완벽하게 짜내야 한다. 진액이 바로 누구의 역량이고, 생각이고, 태도이고, 가치관이고 덕목이다.

그중에서 내가 부족하고 보완이 필요하다고 판단한 부분들을 누구의 강점 요소 중 취사선택을 통해 찾아낸다. 누구의 강점 요소를 얻고 나서, 나의 목표를 재확인하고 목표 달성을 위하여 나의 장점을 더욱 강화하면서, 동시에 누구의 장점이나 강점을 내 것으로 내재화한다. 나의 장점과 누구의 장점이 시너지가 날 수 있도록 인생전략을 새롭게 수립한다. 현재의 내가 아닌 변화된 나를 원하는 생각이 조금이라도 있는 사람이라면, 이 정도의 벤치마킹 중간 단계까지는 충분히 진행할 수 있겠고, 글로도 멋진 인생전략을 수립할 수 있을 것이다.

문제는 그다음이 중요하다. 계획을 세웠으면, 실천에 옮겨야 한다. 사람들은 대부분 고지가 바로 앞에 보이는데도, 이 실천 단계에서 포기하고 만다. 포기가 무서운 것은 한 번 포기하면 다시 실행할 용기가 잘 나지 않는다는 사실이다. 심리학을 차용하면, 실천에 옮기기 위해서는 동기가 살아나야 한다. 동기가 클수록 행하고자 하는 욕구가 배가된다. 누군가의 현재 모습을 바라보고, 그의 모습을 나의 미래 모습으로 '페이스-오프'하자. 만족감의 크기를 가치라 부르기에, 가치가 클수록 행동 욕구 또한 비례해서 상승한다.

일단 실천에 첫발을 내딛게 되면 다음 길은 탄탄대로로 열려 있다. 스스로 변화해 가는 자신의 모습을 보면 액셀은 자동 가속이 되어, 목표에 그만큼 빨리 도달하게 된다. 실천 과정에서는 반드시 중간 점검 활동이 필요하다. 중간 점검과 피드백을 반복하게 되면 성과에 대한 자부심이 커지고 만족감이 배가된다. 꼭 해내고야 말겠다는 믿음과 더 잘할 수 있다는 자신감이 광장의 초대형 분수처럼 솟아오르게 되어 있다.

다시 한번 나의 벤치마킹 전략은, 나의 장점을 더욱 강화하면서 동시에 상대방의 강점을 내 것으로 재구조화하여 나의 강점과 결합시켜 시너지를 창출하는 것임을 잊지 말아야 한다. 지금 당장 벤치마킹의 대상을 선정하자. 그리고 나와 대상을 세밀하게 분석하고, 본받고자 하는 내용을 취사선택하여 탁월하게 정리하자. 쉬운 것에서 어려운 것으로 단계적으로 행동에 옮기자. 그렇게 하면 벤치마킹 대상의 장점 요소가 나도 모르는 사이에 내 몸에 체화되어 심지어는 목소리와 행동까지도 닮아가는 놀라운 경험을 하게 된다. 물론 거기에 대상이 갖고 있지 못하는 나의 장점이 함께 시너지를 일으키니, 나의 미래는 뻔할 뻔 자로 전도가 유망해진다.

울림2

우리 민속 고유인 북춤의 울림과 조화를 벗 삼아 앞장서서 인류의 평화와 번영을 기원하다.

제 18 장

전체 최적화와 시스템적 사고

- 시스템과 전체 최적화
- 시스템적 사고와 목표 지향
- 시스템적 사고를 생활화하라

제18장 전체 최적화와 시스템적 사고

■ 시스템과 전체 최적화

시스템이란 우리말로 '체계', '기관으로서의 몸' 정도로 해석할 수 있다. 용어를 풀이하면, 시스템이란 목표를 향한 유기적 연계 및 상호작용으로서 전체성을 추구하며, 부분과 전체의 결합으로서 전체를 구성하는 부분들의 유기적인 모임을 의미한다. 보충해서, 시스템이란 어떤 하나의 목적이나 목표를 가지고 이를 성취해 내기 위하여 여러 하위의 구성인자들이 유기적으로 연결하여 상호작용하는 결합체를 말한다.

인간의 몸 시스템을 설명하면, 인간의 몸은 생물학적으로 생명을 유지하기 위한 수많은 부분 기능들을 포함하고 있다. 신체 구조를 보면, 몸 전체의 생명을 유지하기 위해서 기관(organ)이 활동하고, 그 아래를 조직(tissue)이 받쳐주고, 그 조직 또한 세포(cell)로 구성되어 있다. 그러면서 이들은 유기적으로 연계되어 끊임없이 상호작용을 하고 있다. 즉, 세포, 조직 및 기관들이 각자 차별화된 고유 기능을 수행하면서도 유기적으로 상호작용을 함으로써 부분 최적화를 통해서 전체 최적화인 건강한 신체를 유지할 수 있도록 해 준다.

신체의 In-put과 Out-put 과정을 통해서도 시스템을 쉽게 이해할 수 있다. 신체의 각 기관들은 전체로서의 건강한 신체를 유지하는 하나의 목표를 가지고 있다. 건강한 신체를 유지하기 위해서는 다양한 In-put 요소들이 필요하다. 예를 들어 균형 잡힌 식사나 각종 영양소, 바른 생활태도, 그리고 적절한 휴식과 운동 등이 그것이다. 신체에 In-put된 영양소들은 각 기관 내 하부 구성인자들의 주 영양원이 되어 하부 구성인자들이 건강한 상태를 유지하도록 도와준다. 결과적으로 균형 잡히고 건강한 하부 구성인자들이 도출해 낸 각각의 최종 Out-put은 하나의 목표, 즉 건강한 신체로 최종 합일이 된다. 이것을 부분의 전체 최적화라고 부른다.

만약 어느 한 하부 기관이 전체 최적화를 무시하고 부분 최적화에만 과몰입한다면, 특정 조직의 과잉 비대로 인해 질병의 요인이 되거나, 급기야 건강을 위험에 빠뜨려 전체 최적화를 불가능하게 만들 수 있다. 시스템에도 과유불급이라는 말이 통용된다. 따라서 시스템은 단체 운동과 같아서 조화와 균형과 목표 합일이 일관되고 유기적으로 작용해야만 정상적인 운행이 가능하다.

■ 시스템적 사고와 목표 지향

시스템적 사고는 사물을 전체적인 맥락에서 파악하고, 사물을 구성하고 있는 다양한 요소들이 어떤 상호작용을 하는지, 또한 이런 상호작용들이 전체 시스템에 어떤 영향을 주는지를 알아내서 전체 최적화를 가능하게 하는 생각 종합 세트를 말한다. 그렇기에 기업이 됐건, 개인이 됐건 시스템적 사고가 중요하다.

시스템적 사고에서 가장 중요한 것은 목표 지향성이다. 따라서 시스템적 사고 이전에 구체적인 목표가 설정되어야 함은 당연하다. 목표가 설정되면, 부분과 전체는 하나의 목표를 위해 연결되어 있어야 한다. 일상에서 사람들은 시스템적 사고라는 표현을 사용하지는 않지만, 일정 부분 시스템적 사고로 일상생활을 영위하고 있다. 다만 시스템적 사고의 구조화와 습관화가 미흡하여 효율성이 떨어지는 것이 문제이다.

다음으로 중요한 것은 하부 생각요소들 사이의 유기적 관계이다. 유기적이라는 말은, 전체를 구성하고 있는 각 하부 생각요소들이 서로 밀접하게 연관되어 있어 분리해서 생각할 수 없다는 뜻이다. 이어서 각 부분의 생각요소들이 전체를 지향하므로, 부분의 생각은 전체의 목적을 위해서 존재한다. 마지막으로 부분과 전체가 상호작용을 통해서 목적을 달성한다. 그리고 누차 강조한 얘기이지만, 시스템적 사고인 생각 종합세트는 반드시 행동을 수반해야 한다.

■ 시스템적 사고를 생활화하라.

• 목표를 향한 전체 최적화를 구축하라.

전체 최적화를 위해서는 수시로 나의 목표가 무엇인지에 대하여 피드백을 해 주어야 한다. 대학 입시를 준비하면서 집이나 독서실 책상 앞에 나의 목표를 붙여 놓고 시시때때로 쳐다보고 마음을 다잡은 적이 있다. 여러분도 익히 경험했을 것이다. 목표가 머리 정수리에 우뚝 서서 감독하고 있으니, 나의 In-put 요소들은 자동으로 목표를 향해 일렬종대로 정렬할 수밖에 없다.

시스템적 사고에서의 전체 최적화는 각 부분 간의 관계를 규명하고 핵심이 되는 부분의 개선을 시도해서, 결국 시스템 전체에 긍정적인 영향을 미치는 것을 뜻한다. 먼저 목표를 세우라. 그리고 한시도 목표에서 눈을 떼어서는 안 된다. 다음으로 목표를 세웠으면, 그 목표를 향해서 육체적, 정신적으로 자신이 가지고 있는 것들을 총동원하여 올인(all in)해야 한다. "한눈팔지 마." 이 말은 시스템적인 생활 자세를 지키라는 뜻이다.

• 사고와 생각을 목표에 집중하라.

필자가 과거 입시 준비할 때의 경험이다. 시간을 온전히 투자하였다. 머무는 곳도 집과 독서실로 한정하였다. 보는 것은 과목별로 단

권화된 참고서 이외에는 보지 않았다. 듣는 것도 입시와 관련된 내용이 아니면 듣지 않았다. 주위 사람들과 말하는 것도 입시와 관련된 내용 이외에는 최대한 자제하였다. 후각과 미각, 촉각조차도 입시 준비를 위해 사용하였다. 나의 In-put 요소들은 오직 나의 목표 달성을 위해서 유기적 상호작용을 충실히 해 주었다. 그 결과 전체를 위한 부분 최적화를 통해서 목표 달성이라는 만족스러운 Out-put을 만들어 낼 수 있었다.

입시 준비를 하던 시기에 각오를 다지기 위하여 여러 사람의 고시 합격 수기를 읽은 적이 있다. 하나같이 목표 달성을 위하여 사고와 생각, 정신과 신체 활동을 목표에 집중했다고 고백하고 있다. 집중이 바로, 행동 요소와 함께 시스템적 사고의 필수 동행 목록임을 알 수 있다.

• 목표를 향한 유기적인 상호작용을 강화하라.

프로야구가 인기이니, 프로야구의 예를 들어 보자. 요즈음 프로야구 선수들은 정신적, 신체적인 최적화를 위하여 피지컬 트레이너와 전문 심리 상담사의 도움을 받는다고 한다. 프로야구 초창기 선수들이 볼 때는 참으로 격세지감을 느낄 것이다. 야구선수는 하위 구성요소로, 피지컬 차원의 팔근육, 다리근육, 허리근육, 그리고 몸 전체가 밸런스와 조화를 유지해야 하며, 정서적 차원의 좋은 습관과 루틴,

그리고 마인드 컨트롤이 가능해야 한다. 이러한 하위 구성요소들이 유기적인 상호작용을 통해서 전체 최적화를 이루었을 때 야구선수로서 기본 자질을 완벽하게 갖췄다고 얘기할 수 있다. 시스템적 유기적인 상호작용의 결과로 나타난 건강한 신체에 건전한 정신이 바로 프로 선수로서 성공에 이르는 바른길, 정도(正道)가 된다.

시스템적 사고는 선수 개인만의 문제가 아니라, 단체에도 똑같이 적용된다. 야구는 단체 경기이다. 투수가 공을 아무리 잘 던지더라도 야수들이나 포수가 실수하여 실점을 허용하면 아무 소용이 없다. 투수는 잘 던지는데 타자들이 빈타여서 게임에서 지는 경우가 있다. 반대의 경우도 마찬가지이다. 이렇듯 투수와 포수, 타자들이 맡은 포지션에서 상호작용을 유기적으로 원활하게 해 주고, 감독을 비롯한 스태프와 선수들이 호흡을 잘 맞출 때 승리라고 하는 목표에 도달할 수 있는 것이다.

• 스스로를 칭찬하고 보상하여 습관화하라.

습관으로 완전히 몸에 체화하기 위해서는, 목표를 성취했을 때 나를 칭찬해 주는 것도 좋은 방법이다. 이상하게 들리는가? '칭찬은 고래도 춤추게 한다'고 하지 않던가! 자신을 칭찬해 본 경험이 없기에 어색하고 낯설어하는 것이다. 조용히 거울 앞에 앉아서 자신의 얼굴을 바라보고, "수고했다. 참 대단하다. 고맙다. 또 잘해보자"라고 칭찬하고 격려해 보자.

내가 나를 칭찬하면 특별한 효과를 바로 확인할 수 있다. 먼저, 칭찬하면 나도 모르게 힘이 넘치고 만족감이 샘솟는다. 또한 다른 도전에 대한 욕구가 생기고, 동기가 배가된다. 무엇보다도 '나는 할 수 있다'는 자신감이 세상 밖으로 튀어나온다. 물론 내가 나를 칭찬하는 것은 시스템적 사고를 통해 목표를 달성해서 좋고, 이런 일련의 자기 칭찬 과정을 통해서 습관으로 체화되니 좋고 양수겸장(兩手兼將)이다.

또한 습관으로 완전히 몸에 체화하기 위해서는, 자기 보상 시스템을 가동하여야 한다. 경영학에 학습이론이 있다. 학습(Learning)은 경험에 의해 일어나는 비교적 영속적인 행동의 변화를 말한다. 학습은 동기, 강력히 지각된 경험, 그리고 특정 자극이나 상황에 대한 행동 경향의 반복 등 세 요소가 결합된 결과이다. 대표적인 이론으로는 파블로프(I. P. Pavlov)의 실험에서 나타난 조건반사론을 근거로 하는 수동적 자극과 반응의 관계인 고전적 조건화가 있고, 스키너(B. F. Skinner)의 실험을 통해 알려진 대로 보상과 처벌의 능동적인 조작을 통한 조작적 조건화, 그리고 정보에 대한 복잡한 지적 과정인 인지적 접근이론이 있는데, 결론은 사람이나 동물이나 학습의 핵심 요소가 보상을 통한 동기부여에 있다는 것이다. 어쩌면 자신 내부를 뜨겁게 만드는 자기 칭찬과 자기 보상이 가장 큰 동기를 발현시키지 않을까 생각한다.

제 19 장

결정의 순간, S·T·P 전략

- 탁월함, 초우량기업의 조건
- 마케팅에서의 시장과 STP
- 결정의 순간, STP를 활용하라

제19장 결정의 순간, S·T·P 전략

■ 탁월함, 초우량기업의 조건

"초우량기업은 평범한 기업이 하지 않는 일을 하는 것이 아니라, 평범한 기업도 하고 있는 일을 '탁월하게' 하고 있을 뿐이다." 경영학의 그루 톰 피터스(Tom Peters)의 명언이다. 여기에서 '탁월하다'는 말을 '치밀하다'나 '치열하다'는 말과 바꾸어도 의미 전달에는 큰 차이가 없을 것 같다. 탁월하게, 치밀하게, 치열하게 하는데 성과가 나쁠 리 만무하다. 물질 가는데, 정신이 함께 간다. 탁월하다는 말은 일을 처리하는 유형적인 측면 못지않게, 정신적인 측면의 탁월함까지 함께 포함하고 있다.

애플이 세계 최고 기업으로 우뚝 선 비결이 바로 이 탁월함에 있다고 한다. 애플 제품을 한번 보자. 하찮을 것 같은 포장 하나에도 세심하게 신경 쓴 흔적들이 여실히 드러난다. 실제로 애플 이전에는 포장에까지 신경 쓰는 기업들이 그리 많지 않았다. 그런데 애플 이후에는 거의 모든 회사가 애플을 따라 하고 있다. 또 애플은 OS는 물론, 카메라의 위치까지도 과학적인 검증을 거치고, 보이지 않는 내부도 보이는 부분 이상으로 신경을 쓰고 있음을 알 수 있다. 하나를 보면 열을 안다고 사소한 것과 보이지 않는 것까지도 신경을 쓰는데, 하물며 보이는 곳은? 작지만 탁월하게 드러나는 평범한 기업과의 차이다.

"A4 용지를 아끼자. 이면지를 활용하자." 많은 회사들이 절약을 생활화할 목적으로 이런 형태의 표어를 걸어놓는다. 그런데 직원들은 대수롭지 않게 생각한다. 그까짓 것 쩨쩨하게 군다고 푸념하기까지 한다. '천 리 길도 한 걸음부터'나 '바늘 도둑이 소 도둑 된다'는 속담을 새삼 음미해야 할 것 같다. 종이 한 장이라도 아끼자는 말은 그런 절약 정신을 일상에서 몸에 달고 살자는 일종의 정신 운동 차원이다.

톰 피터스의 말은 기업뿐만 아니라, 사람한테도 똑같이 적용할 수 있다. "성공하는 사람은 평범한 사람이 하지 않는 것을 하는 것이 아니라, 평범한 사람도 하고 있는 것을 '탁월하게' 하고 있을 뿐이다." 참으로 맞는 말이다. 평범한 사람들은, "대충대충 해. 적당히 시간만 때우면 돼"라는 말을 달고 산다. 그러면서도 성공을 바라거나, 성공한 자들을 시기하고 질투하는 사람을 볼 때면 안타깝다 못해 불쌍하기까지 하다. 그런 사람들에게는 '처삼촌 묘 벌초하듯이 한다'는 말이 딱 어울린다. 좀처럼 치밀함이나 탁월함이 보이지 않는다. 참 나쁜 습관이다. 그런데, 습관을 바꾸는 것은 그리 어렵지 않을 것 같다. 일단 '탁월하게' 부사 하나만 추가하면 된다. 그리고 행동에 옮기면 끝이다. 참 쉽죠! 결단의 순간, 탁월한 선택을 기대한다.

■ 마케팅에서의 시장과 STP

마케팅을 배우게 되면 귀가 닳도록 듣는 말이 '시장과 STP'이다. 시장에 대해 오해를 없애기 위해서 시장의 정의를 먼저 확인하자. 시장은 우리가 일반적으로 알고 있는 상품으로서의 재화와 서비스를 교환하는 구체적인 장소인 협의의 시장만을 지칭하지 않는다. 넓은 의미에서의 시장인 노동시장, 금융시장 등과 같이 공간적 제약을 뛰어넘어 존재하는 모든 종류의 시장을 다 포함한다. 즉, 인간 세계에서 교환과 거래의 관계가 이루어지는 모든 과정을 광의의 시장이라고 말한다. 김홍신 작가가 쓴 《인간 시장》이라는 소설이 사회적으로 큰 반향을 일으킨 적이 있다. 사람도 진학이나 취업 등의 과정을 통해서 교환과 거래의 관계를 맺고 있듯이 사람도 시장 속에 포함되어 있다.

마케팅에서 STP는 시장을 정확히 이해하는 과정이기에, STP만 제대로 알아도 마케팅의 반을 마스터했다고 말하곤 한다. S · T · P는 Segmentation(시장 세분화), Targeting(목표시장 정하기), Positioning(시장에서의 위치 정하기)의 머리글자 조합이다. 기업은 STP 분석을 통해서 시장을 세분하여 고객의 욕구를 더 정확히 파악할 수 있고, 자사의 성공 요건을 갖춘 세분시장을 표적시장으로 선정하여 상표애호도를 높일 수 있으며, 자사에 유리한 경쟁우위 요소를 가지고 소비자들에게 자사 제품을 자리매김할 수 있다.

STP 분석을 위해서는 먼저 대내외 환경을 이해하기 위한 상황 분석이 필요하다. 통상 상황 분석에는 5C 분석인, 경쟁자(Competitor) 분석, 자사(Company) 분석, 고객(Customer) 분석, 협력자(Collaborator) 분석, 환경(Context) 분석이 있는데, 이를 통해서 자사를 둘러싸고 있는 대내외 상황에 대한 종합적인 분석이 가능하다. 이러한 5C 상황 분석과 STP 분석을 할 때도 톰 피터스가 말한 '탁월하게' 등식이 당연히 적용된다.

• Segmentation(시장을 세분화하라)

마케팅에서의 시장 세분화란 한 기업이 잠재적인 구매자 집단의 필요와 욕구에 효과적으로 대응하기 위하여 시장을 일정한 기준에 따라 몇 개의 동질적인 소비자 집단으로 나누는 것을 말한다. 또한 시장 세분화는 소비자의 욕구를 기업의 마케팅 프로그램으로 연결시켜 준다. 마케팅 프로그램이란 소비자의 욕구를 만족시키기 위한 특정한 마케팅 믹스 활동을 의미한다. 우선 시장 세분화를 하기 위해서는 시장을 둘러싸고 있는 여러 가지 변수들을 심층적으로 분석해야 한다.

시장 변수에는 크게 지역 · 인구밀도 · 도시의 크기 · 기후 등의 지리적 변수, 나이 · 성별 · 가족규모 · 가족수명주기 · 소득 · 직업 · 교육수준 · 종교 등 인구통계적 변수, 사회계층 · 생활양식 · 개성 · 라이프스타일 등 사회심리적 변수, 그리고 사용자편익 · 사용량 · 상표 애호도 · 가격민감도 등 행태적 변수 등이 있다.

예를 들어, 부자들은 일반적으로 유명 브랜드를 선호하며, 비싼 가격에도 구매를 포기하지 않는다고 알려졌다. 또한 가격에 민감한 소비자들은, 가족의 수입이나 직업과는 상관없이 쿠폰 지급 등 할인행사 등에 반응하여 충동적으로 구매하는 경향이 있다. 1인 가구의 경우에는 다량 구매보다는 소량 구매가 많고, 대형점보다는 가까운 편의점 등을 이용할 가능성이 높다. 젊은층과 노인층의 구매 행태도 다르다. 또한 할랄 식품이나 코셔 식품처럼 민족이나 종교에 따라 먹는 음식이 다를 수도 있다. 이렇듯 여러 변수들을 종합적으로 분석하여 시장을 세분화해야 정확하게 시장을 파악할 수 있다.

• Targeting(목표시장을 정하라)

시장을 세분화한 후에는 목표시장을 정해야 하는데, 이때는 시장의 규모와 성장률, 경쟁우위, 자사의 자원이나 제품의 적합성 등을 고려해서 평가해야 한다. 목표시장을 선택할 때는 세 가지 전략이 가능하다. 단일 세분시장을 선택하는 집중화 전략, 복수의 세분시장을 선택하여 각 세분시장별로 마케팅전략을 수행하는 차별화 전략, 세분시장별 차이를 무시하고 전체 시장을 하나로 보는 비차별화 전략이 그것이다.

목표시장을 정하는 데 가장 중요한 고려사항은 자사의 차별화 요소와 핵심역량이 경쟁우위에 설 수 있는지를 파악하는 것이다. 여기에서의 차별화나 경쟁우위는 모든 시장을 대상으로 하는 일반적인 우위 요소가 아니라 자사가 정한 특정 시장 내에서의 한정된 우위 요소를 말한다. 경쟁우위 요소가 없는 목표 시장의 선정은, 상대보다 성능이 떨어진 무기나 자원을 가지고 전장에 무모하게 뛰어드는 것이나 마찬가지이다. 따라서 경쟁에서 이길 수 있는 시장을 정하는 것이 무엇보다 중요하다.

• Positioning(시장에서의 위치를 정하라)

포지셔닝이란 소비자들이 그 제품을 경쟁제품과 비교해서 어떻게 인식하느냐 하는 것이다. 즉, 포지셔닝이란 소비자들의 마음속에 자리매김하는 것으로 우리 제품을 경쟁사 제품과 비교하여 어떤 차별적인 우위로 인식시킬 것인가에 대한 전략이다.

이 단계에서는 실질적으로 고객을 정하고, 경쟁 프레임을 설정하고 차별화된 가치를 제공하고, 근거를 제시해야 한다. 포지셔닝의 실행은 POP(Point of Parity)와 POD(Point of Difference)를 통해 실행된다. POP는 제품군의 대표 특성을 통해 제품군의 전형성을 획득하는 것이고, POD는 경쟁사와의 차별성을 획득하는 것이다. 일례로 밀러 라이트 맥주는 'Great Taste & Less Filling'의 슬로건을 통해서 대표

맥주와 견주어도 손색없는 맥주 맛(POP)과 칼로리가 적은 건강에 좋은 맥주(POD)라는 차별적 우위를 강조하여 맥주 시장에 성공적으로 자리매김하였다.

여기에서의 시사점은, 현대에 이르러 급속한 환경 변화에 따라 생존경쟁이 날로 치열한 비상상황에 직면한 기업들이 어떻게 하면 경쟁에서 살아남을 수 있을까에 대한 해결책을 찾기 위해 치열하게 고민하고 있음을 확인하고, 5C 분석과 STP 분석을 활용하여 시장에서 살아남기 위한 전략을 탁월하게 수립하고 있음을 이해할 필요가 있다는 것이다. 결론적으로, 5C 분석과 STP 분석은 시장을 정확히 알고, 성공 가능한 목표시장을 정해서 경쟁우위를 무기로 시장에서 이기는 전략이다.

위에서 언급했듯이 마케팅에서의 시장은 사람을 포함한다. 그렇다면 사회관계 속에서 살아남기 위한 전략을 수립하는 데에도 위의 분석들이 매우 유용한 도구가 될 수 있다. 날로 치열해져 가는 삶 속에서 어떻게 하면 안전하게 생존할 수 있을까? 마케팅의 STP 분석 전략을 활용해 보는 것도 큰 의미가 있다.

■ 결정의 순간, STP를 활용하라.

사람은 인생을 살면서 중요한 결정을 해야 하는 순간이 많이 발생한다. 어떤 결정은 운명을 좌우하기도 한다. 사실 인생을 되돌아보면 의식적이든지 무의식적이든지 순간순간이 결정의 연속이라 해도 지나치지 않다. 흘러가는 시간 속에 결정이 포함되지 않은 시간이 존재하기는 하는가? 매사가 결정이고, 그만큼 결정이 중요한데도 별로 신경을 쓰지 않고 산다. 결정이 중요하다는 사실을 안다면 우리는 실수하지 않기 위해서, 더 나은 결정을 위해서, 후회하지 않기 위해서 결정을 하는 데 신중에, 신중을 기해야 한다. 경영학의 5C와 STP 분석의 의미와 절차를 활용해서 탁월한 결정을 할 수 있도록 내공을 쌓아보자.

• 분석하는 일을 습관화하라.

의사는 환자를 검진할 때 문진표를 작성하게 한다. 거기에는 식습관, 흡연이나 음주 습관, 질병 경험, 신체적인 불편함, 가족력 등 세세한 부분까지 적게 되어 있다. 훌륭한 의사는 이러한 문진표에 더해서 청진기나 육안으로 추가로 환자를 분석하고, 대화를 통해서 필요한 정보를 최대한 많이 얻으려고 애쓴다. 바로 실수를 줄이고 정확한 처방을 하기 위해서 이러한 과정을 거치는 것이다.

이와 마찬가지이다. 의사가 환자를 검진하듯이, 나를 에워싸고 있는 문제에 대한 환경 및 상황을 정확히 분석해야 올바른 해결책을 찾을 수 있다. 그것이 바로 상황 분석이다. 특히 나를 분석함에 있어서는 객관적 입장에서 냉철하게 나를 바라봐야 한다. 또한 나의 문제를 찾아내는 데 주저하거나 인색해서도 안 된다. 냉철한 자기 분석이 전제될 때 분석의 효용 가치는 커지고, 바른 결정을 내릴 수 있다. 쉽게 말해서, 주제 파악을 철저히 하라는 것이다.

학생들의 문제 풀이 과정을 살펴보면 분석이 얼마나 중요한지 쉽게 이해할 수 있다. 분석이 습관화되어 있지 않은 학생은 출제자의 의도나 문제가 뭘 요구하고 있는지를 정확히 분석도 하기 전에, 자기 생각대로 답안지부터 채우기 바쁘다. 원하는 답안이 제대로 나올 리 만무하다. 안광이 지배를 철한다고 했던가? 시험지가 뚫어지도록 문제를 깊이 있게 분석한 학생은 문제의 취지나 출제자의 의도를 정확히 파악하고 머릿속에 그려놓은 답안을 답안지에 옮겨 적으니 군더더기 없는 멋진 답안이 나올 수밖에 없다.

'빨리빨리'가 좋을 때도 있지만, 문제를 해결하는 데 시간보다 더 중요한 것은 '정확도'이다. 조직에서 문제 해결을 잘하는 사람들을 보면, 공통적으로 문제를 철저히 분석하고 문제 해결을 위해 정보를 탐색하는 일을 소홀히 하지 않는다. 매사 문제를 그렇게 꼼꼼하게 처리한다. 우리 주변에는 크고 작은 문제들이 항상 존재한다. 문제를 해결하기에 앞서 상황을 정확하게 분석하는 버릇이 습관적으로 몸에 배어 있어야 한다. 분석의 습관화는 올바른 결정, 좋은 결정을 가능하게 한다.

• 나와 업을 세분화하라(Segmentation).

요즘 병원에 가서 진단을 받을 경우 MRI(자기공명영상장치)가 대세인 것 같다. 과거에는 X-Ray, CT, 그리고 MRI 순으로 정도에 따라 검사를 진행했으나, 요즘은 경제적으로 여유가 생기고 편리한 세상이 되어서인지 과정을 생략하고 MRI를 이용하는 경우가 많아졌다. MRI는 생체 임의의 곳에 단층상을 얻기 위해 세분해서 자르는 기계장치를 말한다. 즉, MRI는 아픈 부위, 즉 타깃(Target)을 정확히 찾아내기 위해서 특정 신체 부위를 세분화한다.

의사가 병을 정확하게 진단하기 위해 세분화 도구로 MRI를 이용하듯이, 나를 분석하기 위한 세분화 도구로는 SWOT 도구가 가장 효과적이다(제14장 참고). 세분화 단계에서는 나를 에워싸고 있는 모든 변수들을 세밀하게 파악해야 한다. 예를 들어, 대학 졸업 후에 진로를 결정하기 위해서는 공무원 또는 공사, 대・중・소기업, 대학원, 자영업, 기술 습득 후 진로 결정, 창업, 해외 진출 등을 생각해 볼 수 있다. 이들에 대한 정보를 얻기 위해 관련된 곳을 직접 방문도 하고, 주위 사람들과 상의도 하고, 인터넷 등을 이용하여 간접적으로 정보를 얻기도 하고, 전문가와의 상담을 통해서 컨설팅을 받기도 하는 등 할 수 있는 모든 노력을 다해야 한다. 진로에 관한 예를 들었으나, 다른 모든 결정 과정도 이와 별반 다르지 않다. 세분화는 하면 할수록, 현미경으로 사물을 비춰보듯이 미처 알지 못하고, 보지 못했던 부분까지도 놓치지 않고 볼 수 있다. 물론 자신의 주제 파악은 세분화 시 가장 기본으로 선행되어야 한다.

• 나에게 맞는 목표를 정하라(Targeting).

원을 그리는 컴퍼스에 비유하면, 나는 컴퍼스의 중심축이다. 중심축인 내가 흔들리면 컴퍼스는 제 기능을 잃고, 원하는 목표 원을 그릴 수가 없다. 목표 원을 그리고자 결심을 했으면, 먼저 나의 중심을 정확히 자리매김해야 한다. 이 말은 다른 사람에게 잘 보이기 위한 위치나 남이 좋다고 정해 주는 위치가 아닌 내가 중심이 되어 나에게 가장 적합한 위치를 찾아서 목표를 정해야 한다는 말이다. 세분화라는 것도 타깃팅을 정확하게 정하기 위한 직전 단계의 과정이다.

일반적으로 타깃팅을 할 경우에는 세 가지 선정 방법이 있다. 첫째, 현재의 조건으로도 달성이 가능한 목표 정하기이다. 다수가 선택하는 방법으로 합리적으로 목표를 정했다고 평가를 받는다. 둘째, 현재는 조건이 다소 부족하지만, 노력하면 충분히 달성 가능한 목표 정하기이다. 현재 자신의 능력보다 상위의 목표를 정할 때는 반드시 자신의 의지로 결정해야 한다. 그래야 목표 달성을 위한 행동이 매끄럽게 실행된다. 주변의 권유나 시선 때문에 결정했다면 포기하는 것이 맞다. 자기 인생을 남이 대신 살아 줄 수 없기 때문이다. 셋째, 아무리 노력해도 달성 불가능한 목표 정하기이다. 가장 어리석은 결정이다. 아직도 주제 파악을 못 했다는 증거이다. 이 경우 다시 세분화 단계로 되돌아가야 한다.

• 나의 장점과 특기를 고려하라(Positioning).

경기할 때는 실력이 기본이지만 위치도 중요하다. 홈 어드밴티지(home advantage)라는 말이 괜히 있는 것이 아니다. 내가 목표를 정했으면 유리한 위치를 선점해야 한다. 전문 용어로는 경쟁우위, 차별화, 핵심역량 등으로 표현한다. 사실 사람 사는 세상에는 어쩔 수 없이 경쟁을 수반하는 일이 많다. 선의의 경쟁에서 살아남기 위해서는 남과 다른 장점을 적어도 하나 이상은 가지고 있어야 한다.

우리가 목표를 세우다 보면 다소 힘에 부치는 결정을 할 때도 있다. 중요한 것은 힘에 부치는 결정이 동기와 욕구를 유발하기도 한다. 사람은 자기도 모르는 잠재 능력을 가지고 있기에 그렇다. 아이의 목숨이 경각에 달린 위기 상황에서 엄마는 물리적으로 해석 불가능한 능력 이상의 잠재 능력을 발휘한다. 이러한 잠재 능력은 동기에서 비롯된다. 강력한 동기가 깊은 생각을 낳고, 깊은 생각으로 인해 강한 힘과 행동을 움직여서, 드러난 능력 이상의 성과를 가져오게 한다. 내가 가지고 있는 자원에다가 잠재 능력까지 활용하여 좋은 위치에서 승리의 발판을 완성해 보자.

• 나의 가용 자원을 총동원하라(Mix Strategy).

마케팅에서는 네 가지 자원을 활용해서 차별화를 통한 경쟁우위를 도모하는데, 이를 4P라 한다. 4P는 제품(Product), 가격(Price), 유통(Place), 홍보 · 촉진(Promotion)을 말한다. 마케팅 담당자들은 제품을 시장에 내놓을 때 이 네 가지 요소를 효과적으로 믹스(mix)하여 여러 경쟁 제품 중에 자사 제품이 고객의 선택을 받을 수 있도록 노력한다.

인간사도 마찬가지다. 목표가 정해지고 그 목표를 달성하기 위한 포지셔닝을 함에 있어 내가 가용할 수 있는 자원들을 총동원하여 경쟁우위에 설 수 있도록 전략을 세워야 한다. 내 안의 자원을 보면, 우선 전인격체로서 신언서판이 떠오른다(제16장 참고). 성품 및 가치관도 소중한 덕목이다. 태도는 '좋다 나쁘다'를 결정하는 요소로서 긍정 마인드를 이끌어 낸다. 생각과 행동은 목표에 이르는 유일한 이동 수단이다. 더 좋은 소식은, 내 안의 자원은 불변으로 고정된 것이 아니고, 얼마든지 발전적으로 변화시킬 수 있다는 것이다.

나의 운명은 내가 결정한다. 매사 분석하는 습관을 생활화하고, 변수들을 세분화하여 목표를 찾고, 나를 중심으로 목표를 정하고, 나의 자원을 총동원하여 목표를 성취하는 선순환 사이클을 돌릴 때 목표 있는 삶이 완성된다.

제 20 장

Specialist와 포트폴리오 전략

- 포트폴리오는 수익 전략이다
- 포트폴리오는 Specialist를 원한다
- 나의 포트폴리오를 관리하라

제20장 Specialist와 포트폴리오 전략

■ 포트폴리오는 수익 전략이다.

포트폴리오(Portfolio)란 원래 외양을 잘 꾸며 놓은 자료 수집철 정도의 뜻으로, 개인의 이력이나 경력이 두드러져 보이도록 자신과 관련된 일체의 자료들을 체계적으로 엮어놓은 자기소개서와 같은 말이다. 자신을 가장 잘 표현하는 방식으로 포트폴리오를 잘 꾸며 놓게 되면, 소개를 주고받거나 인정을 받는 데 유리할 것이고 취업에도 많은 도움이 될 것이다. 예를 들어 작가라면 더 비싼 값으로 자신의 작품을 팔 수도 있을 것이다. 따라서 개인은 각자의 포트폴리오가 내실 있고 풍성하도록 자기관리에 세심한 주의를 기울여야 한다. 그런데 지금에 와서는 포트폴리오가 자기관리의 중요성도 있지만 다소 생소한 곳에서 '어떻게 하면 위험 요소를 줄이고 이익을 극대화할 것인가'로 초점이 전환되어 남의 집에서 상전 노릇을 하고 있다.

먼저 포트폴리오는 경제에서 주식 관련 용어로 처음 차용되면서, 주식 투자를 할 때 위험을 줄이고 투자 수익을 극대화하기 위해서 효율적으로 분산 투자하라는 뜻으로 정착되었다. 요즘 주식 투자 붐으로 인해 포트폴리오라는 말은 누구나 사용하는 아주 흔한 말이 되었다. 포트폴리오와 관련하여, '계란을 한 바구니에 담지 마라'는 얘기를 흔히 듣는다. 계란은 깨지기 쉬운 물건이다. 한 바구니에 담았다가 잘못 떨어뜨려서 깨져 버리기라도 하면, 부화시킬 씨받이 계란마저 사라져 버린다. 그래서 계란처럼 위험이 있는 주식은 분산해서 투자하는 것이 위험을 줄이면서도 이익을 높일 수 있다는 말이다. 특히, 경제 환경이 급변하고 불확실성이 날로 커지는 상황에서 주식 투자는 아무리 신중해도 부족함이 없다.

경영학에서는 사업 포트폴리오(Product Portfolio Management 혹은 Business Portfolio Management) 모델로 널리 사용되고 있다. 포트폴리오 모델은 일명 BCG 매트릭스(BCG Matrix)라고도 하는데, 보스턴 컨설팅 그룹(Boston Consulting Group)에서 모형화한 것이다. 이 모델은 기업의 자원을 '어떻게 배분할 것인가'에 초점을 맞추어 명쾌하면서도 효과적으로 분석할 수 있는 장점을 갖고 있다. 기업들은 사업단위든지 제품군이든지 각각 독립성을 유지하면서 사업목표 달성을 위해 상호 시너지를 창출하고 있다. 사업 포트폴리오 관리는 사업단위나 제품군별로 시장성장률과 상대적 시장점유율을 기준으로 각각의 역할을 구분하고, 그 역할에 따라 자금 등 자원을 효율적으로 배분하기 위한 경영전략이다.

제품의 예를 들면, 제품들은 각각의 제품수명주기에 따라 시장성장률과 상대적인 시장점유율의 변동을 가져온다. 제품수명주기

(Product Life Cycle, PLC)란 하나의 제품이 시장에 도입되어 퇴출되기까지의 과정을 말한다. 제품수명주기는 제품의 특성에 따라 예외적인 경우도 있지만, 통상적으로 도입기-성장기-성숙기-쇠퇴기의 과정을 거친다. 도입기에는 초기 시점이라 투자 비용은 많이 들지만, 시장 선점 효과의 이점을 누릴 수 있다. 성장기에는 경쟁업체가 적어서 수익률을 높이고 상대적인 시장점유율도 끌어올릴 수 있다. 성숙기에 접어들게 되면 경쟁업체들의 난립으로 가격이 하락하여 수익률이 떨어지고, 상대적 시장점유율은 정체되거나 낮아질 수밖에 없다. 쇠퇴기에 이르면 수요가 정체 내지는 감소하게 되므로 시장 퇴출을 검토하거나 비용을 최소화하는 현상유지 전략을 수행하여야 한다.

포트폴리오 모델에서는 시장성장률과 상대적 시장점유율을 기준으로 제품군을 4가지 영역으로 나누어 전략을 제시한다. 하나의 제품군은 의문부호(Question Mark: ?)로서 상대적 시장점유율은 낮지만, 시장이 상당히 매력적이기 때문에 투자에 우선순위를 두어야 한다. 둘의 제품군은 스타(Star)로서 시장점유율이 높고 성장률도 높아서 기업을 이끄는 대표적인 제품군이므로 기업의 핵심으로 투자와 수익을 동시에 추구해야 한다. 셋의 제품군은 캐시 카우(Cash Cow)로서 시장점유율은 높으나 시장성장률이 점차 낮아지기 때문에 투자는 줄이는 대신 자금을 축적하는 역할을 해야 한다. 마지막 제품군은 독(Dog)으로서 시장점유율도 낮고 성장률도 떨어지기 때문에 시장

철수 등의 사후 조치가 필요하다.

기업들은 이러한 포트폴리오 분석을 통해서 사업 다각화를 이루기도 하고, 사업 간 시너지를 창출하기도 하며, 자금 배분 등 자원 최적화를 통해서 경영 효율화를 도모하고 있다. 따라서 사업 포트폴리오 모델은 사업 성장의 선순환 구조를 활성화하여 지속 가능한 성장전략을 제시해 주고 있다. 결론적으로 주식이건, 경영이건 포트폴리오의 핵심은 자원배분 최적화, 위험 헤지(Hedge), 이익 실현, 지속 가능한 성장이다. 한마디로 포트폴리오는 고도의 수익창출 전략이다.

■ 포트폴리오는 Specialist를 원한다.

개인도 살아가면서 각자 포트폴리오 관리에 각별한 신경을 써야 한다. 포트폴리오가 경쟁전략이고, 수익전략이기 때문이다. 그렇다면 생존을 위해서는 어떻게 포트폴리오 관리를 해야 할까? 시대 상황에 맞는 포트폴리오를 설계해야 한다. 특히, 패러다임이 전환되고 혁명과도 같은 변화의 시기에, 전쟁이라 불려도 전혀 이상하지 않은 초경쟁 시대라는 사실을 감상적인 타인의 시선이 아닌 실체로서 엄중하게 받아들이고 대처해야 할 일이다.

과거에는 다방면에 걸쳐 많이 아는 박학다식한 사람이 각광을 받던 시절이 있었다. 만물박사, 만능 재주꾼이라고 부러움의 대상이 되기도 하였다. 낄 때, 안 낄 때 다 끼어드는 여기저기 쓰임새가 풍부한 사람이었다. 좋은 말로 이런 사람들을 제너럴리스트(Generalist)라고 한다. 비교적 경쟁이 심하지 않고 상식으로 대응해도 가능했던 시절에는 많은 장점 요소가 되었다. 직장 생활을 했다면, 당시에는 부서 이동도 흔해서 기본적인 업무 지식만으로도 충분히 새로운 업무를 배정받아 소화할 수 있었다. 다만, 이런 사람들의 공통점은 지식의 깊이가 얕고, 넓이는 광폭 타이어만큼 넓지만, 조금만 깊게 파고들면 바로 밑천이 탄로 나고 본전도 못 건진다는 것이다.

지금은 시대가 완전히 뒤바뀌었다. 스페셜리스트(Specialist)가 되어야 한다. 보통의 상식만으로 먹고사는 시대는 이미 지나갔다. 상식 정도는 컴퓨터가 대신해준다. 모르는 지식이 있거들랑 컴퓨터 인터넷 검색창을 두드려 보라. 저요 저요 하면서, 그렇게 친절할 수가 없다. 추가적인 보충 설명까지도 양념으로 보탠다. 선생님들도 과거 기억에만 의존해서는 학생을 가르치는 데 어려움이 많을 것이다. 지식 검색 감시자가 떡하니 주머니 속에서 24시간 밤낮으로 대기하고 있으니 말이다. 지식으로 먹고사는 사람들에게는 참 힘든 세상이 되고 말았다.

더구나 빅데이터(Big Data) 세상이란다. 세계의 내로라하는 기업들은 하나같이 빅데이터에 목을 매고 있다. 1분에 200만 건 이상의 검색 이용을 자랑하는 구글이나 세계 클라우드 시장의 50% 이상을 점유하고 있는 아마존의 예를 들지 않더라도, 자차 하나 없이 세계를 무대로 맹활약을 펼치고 있는 우버나 자사 소유로 단 한 평짜리 숙소도 가지고 있지 않으면서도 동종업계 최대의 숙박업체가 된 에어비앤비를 보자니, 가히 벌어진 입이 닫히지 않는다. 이 기업들은 대표적으로 빅데이터를 관리하거나 이용한 기업에 해당한다. 앞으로 제조업은 물론 의료 분야, 생명과학 분야, 에너지 분야, 지식 분야를 막론하고 빅데이터에 의존하지 않고는 시장에서 생존이 어렵다고 하니 괜한 걱정에 불안마저 엄습한다.

더구나 인공지능(Artificial Intelligence, AI)도 고개를 내민다. 알파고와 이세돌 국수 간의 세기적 바둑 대결로 AI는 이미 익숙해진 단어가 되었다. 인공지능은 인간의 전유물이었던 학습 능력과 추론 능력, 지각 능력은 물론 해석 및 대안 제시 능력까지 반복적인 기계학습을 통해서 나날이 발전해 가고 있다. 이렇듯 인공지능은 지식의 단순 입력에서 출력뿐만 아니라 지식을 재가공하고, 재생산하여 스스로 해석하고 분석해서 대안까지도 제시해 준다고 하니, 지적인 영역에서는 인간보다 더 똑똑해지고 있다. 마지막 미지의 세계인 인간의 감정과 심리 영역까지도 대체가 이루어진다면 인간의 미래는 어떻게 될까? 하늘이 무너질까 걱정도 한다던데, 괜한 걱정이었으면 좋겠다. 아무튼 참으로 알 수 없는 세상이 지금 우리 앞에 펼쳐지고 있다.

그런데도 적당이라는 말이 통하겠는가? 조금 과장하면 적당이나 대충대충은 이제 사라져야 할 단어가 되었다. 요행수를 바라는 것도 이제는 끝이다. 오직 실력으로 보여주어야 한다. 그렇기에 스페셜리스트가 되라는 말이다. 여기에서 스페셜리스트는 과거처럼 학문적으로 지식이 많은 박사나 전문가를 지칭하는 말이 아니다. 평범한 사람도 자기가 맡은 분야에서 스페셜리스트라고 얘기할 수 있는 세상이 되었고, 각자의 일에서 스페셜리스트라고 자부하지 못하면 경쟁에서 도태될 수밖에 없는 세상이 되었기에 자기의 업을 탁월하게 수행하고 있는 보통 사람을 스페셜리스트라고 부르는 것이다.

스페셜리스트의 정의는 내가 하고 있는 일에 최고라고 자부하는 것이고, 남이 평가하는 것이 아니라 스스로 생존으로 보여주는 것을 말한다. 배움은 부족할지라도 농사 절기에 따라 농사일에 정통한 시골 농부가 바로 딱 어울리는 스페셜리스트의 전형이다. 이제는 보통 사람들이 주어진 업이나 영역에서 스페셜리스트가 되었다는 말이다. 영어의 'Special'은 우리말로 '특별하다'는 뜻이다. 그래서 누구나 종사하는 일을 특별하게 하는 사람을 스페셜리스트라고 부른다.

어느 분야, 어느 직종을 막론하고 요즘같이 치열한 경쟁 환경 속에서 '특별한 무엇' 없이 살아남을 수 있다고 생각하는가? 누구나 '불가능하다'고 얘기한다. 부연하면, "경쟁자보다는 뭔가 다른 특별함을 가지고 있어야 성공할 수 있다"는 특별함의 당위성에 대해서는 부정하는 사람이 없다는 말이다. 시종일관 얘기했다. 특별하다는 것은 별것 아니라고. DNA의 3% 차이로 인간과 침팬지를 구분하는데, 같은 분야에서 1%만, 아니 0.1%만 다르더라도 대단한 것이다. '다르다는 것'이 바로 '특별함'이 된다. 이미 나라는 존재는 70억 인간 중에 남과 다른 특별한 존재로 태어났다. 문제는 몰라서가 아니라 행동으로 옮기지 않아서이다. 나는 특별한 존재인 스페셜리스트로 태어났다. 누가 뭐래도 나는 스페셜리스트이다.

■ 나의 포트폴리오를 관리하라.

• 나의 포트폴리오 관리의 첫째, 탁월하게, 철저하게, 치밀하게 준비하라.

자기관리의 정수인 개인 포트폴리오 관리를 더욱 철저히 해야 한다. 인사담당이었을 때의 경험이다. 신입사원 채용을 공모하면, 경쟁률이 적어도 수십 대 일이다. 심지어는 백 단위가 넘는 경우를 들은 적이 있다. 한 사람이 1년에 평균 수십 군데 이상 입사지원서를 내는 세상이 되었다. 그런데 문제는 그 많은 사람을 어떻게 선별하느냐이다. 특히 1차 서류전형에서 걸러 내기란 너무나 힘든 일이다. 왜냐하면 지원자들은 대부분 기준 스펙을 다 갖춘 사람들이기 때문이다. 채용 담당자들 사이에서는 우스갯소리이지만, 의미심장한 말이 있다. "선풍기를 틀어서 멀리 가는 이력서부터 제외시킨다"라고 한다. 이력서 무게가 가벼우면 아무래도 내실이 부족하지 않을까 하는 양적

편견이 개입된 것이다. 비현실적인 농담이지만, 선별하기가 그만큼 어렵다는 사실을 토로한 것이다.

입사 지원서류를 보면 아쉬운 점들을 쉽게 발견한다. 너무나 천편일률적이고, 잘 짜인 각본처럼 구색 맞추기에 여념이 없다. 한마디로 독창적이지 않다. 지원서류에 있는 내용들을 훑다 보면 대개 거기서 거기다. 아니 인생을 30여 년 가까이 살아왔으면 무언가 하나는 남과 다른 것을 내세울 수 있어야 하는 것 아닌가? 그런데도 그 특별한 것이 보이지 않는다. 교육의 부재이고, 준비성이 없는 것이고, 생각이 짧은 것이다.

입사 지원자 중에 매우 인상적인 포트폴리오를 구성한 경우를 경험했다. 어떻게 조사했는지, 회사 설립자와 회사의 내력에 대해서 어지간해서는 알 수 없는 내용까지 포함하여 자신의 비전과 결부해서 정리를 탁월하게 했다. 노력이 가상했고, 준비성이 대단했고, 내용도 충실했다. 이 정도의 태도를 갖추었다면 어디에 내놓아도 손색이 없는 인재 중의 인재로 평가받을 수 있다. 당연히 합격했다. 입사 이후에도 자기 영역의 스페셜리스트가 되어 전도가 유망하다.

• 나의 포트폴리오 관리의 둘째, 내 업에 필요한 자격증을 갖춰라.

젊은이라면 자격증에도 관심을 가져야 한다. 특히 자격증은 빨리

딸수록 유리하다. 1980년대 초반 부동산중개업법이 제정되어 공인중개사 자격제도가 신설되었다. 자격증이 없는 중개업자가 운영하던 복덕방은 점진적으로 퇴출시키고, 자격을 갖춘 공인중개사만이 부동산 중개 업무를 할 수 있도록, 정부에서는 공인중개사 자격시험을 매년 시행하였다. 초기에는 공인중개사의 공급이 수요를 따라가지 못했기 때문에 공인중개사 자격시험을 일부러 어렵지 않게 출제했다고 한다. 실제로 당시에는 조금만 신경을 썼다면 지금보다는 쉽게 자격증을 딸 수 있었다. 지금은 어떠한가? 시간과 돈을 제외하더라도 고시 공부처럼 해야 붙을까 말까 한단다. 다른 자격증도 마찬가지이다.

왜, 자격증인가? 지금 시장은 업종을 막론하고 포화 상태이다. 이러한 과포화 상태를 해소하기 위해서는 신규 진입이 어렵도록 진입장벽을 높여야 한다. 직업선택의 자유가 헌법에 보장되어 있는 민주주의 국가에서는 직업 진출을 강제로 제재할 수 있는 법적 수단이 극히 제한적이다. 따라서 각 업종의 진입장벽을 높여서 적정 규모를 유지하기 위해, 정부는 공인 자격증 제도를 적극적으로 활용하고 있다.

이런 이유로 정부는 새로운 직종이 생길 때마다 관련 자격증을 도입하면서 향후를 대비하고 있다. 지금도 새로운 직종이 하루가 다르게 생겨나고, 기존의 직종 또한 다분화되고 있다. 미용실에서 주로 해오던 손발톱 손질해 주는 기술도 훌륭한 단일 직종으로 대접받는 세상이 되었다. 나이가 한 살이라도 어렸을 때 필요하다고 생각하는 자격증을 따 놓아야 한다. 바야흐로 자격증 만능 시대이자 자격증 평등 시대가 되었다.

• 나의 포트폴리오 관리의 셋째, 자기 영역에 전문가가 되어라.

그 분야에 뛰어들어서 하루도 쉬지 않고 공부하며 연구하는 사람을 이길 수 없다. 나는 종종 잘나가는 식당을 소개하는 방송 프로그램을 즐겨 본다. 내용이 재밌고, 식욕을 자극하니까 여러분도 많이 봤을 것이다. 무슨 차이를 느꼈는가? 한마디로 열정으로 똘똘 뭉쳐 전문가 빰치는 수준의 실력을 갖추었다. 공부든, 연구든, 실험이든 끊임없이 반복하고 또 반복해서 지금보다 더 나은 자기의 핵심역량을 완성하는 것이 한결같이 똑같았다.

핵심역량은 끊임없는 지적 탐구를 통해서 이루어지는 만큼, 해당 분야의 지식 습득을 게을리해서는 결코 앞서 나갈 수 없다. 다시 한 번 강조한다. 지식은 태어나면서부터 오감을 통해서 체험하고 획득한 모든 경험들을 총칭한다. 특히, 학교에서 배운 형식적 배경지식도 중요하지만, 노나카 교수가 언급한 암묵적 지식이 특히 중요하다. 나의 포트폴리오는 전문가의 전용도로를 이용하여 더욱 빠른 속도로 목표를 향해 달려 나갈 수 있다.

"학이시습지(學而時習之) 불역열호(不亦說乎)아." 즉, 배우고 시시때때로 익히면 이 또한 기쁘지 아니한가! 배움에는 끝이 없다. 사람은 죽을 때까지 배워야 한다는 사실을 명심하고, 배움과 친구가 되어 즐겁게 동행해야 한다. 배운 만큼 알게 되고, 배운 만큼 볼 수 있다. 변화의 시대에 배움만큼 소중한 것도 그리 많지 않을 것이다.

• 나의 포트폴리오 관리의 넷째, 세계화에 필요한 기본을 준비하라.

앞으로는 세계화가 대세이다. 개인의 세계화란, 국가의 틀에서 벗어나 세계를 무대로 활동하고 경쟁하는 것을 말한다. 즉, 머지않아 개인은 세계를 무대로 세계인과 경쟁을 해야 한다는 의미이다. 따라서 직장 소재지를 국내에 한정시킬 필요가 없다. 국내 기업만이 내가 선택할 직장이 아니다. 나의 경쟁자를 내국인에 한정시켜서도 안 된다.

따라서 곧 도래할 미래에 필요한 요건을 미리미리 준비하는 것이 중요하다. 먼저 사고와 의식의 세계화가 필요하다. 스스로 세계인이라는 인식을 내재화시켜 세계가 한눈에 들어와야 한다. 다음으로 세계화를 가능하게 해준 기술, 특히 컴퓨터 프로그래밍을 비롯한 제반 IT 관련 운용 능력을 완벽하게 준비하고 있어야 한다. 다음으로 인터넷 공용어인 영어는 기본 대화 수준을 넘어 원어로 된 정보를 얻을 수 있는 수준까지 실력을 갖춘다면 더없이 좋겠다. 물론 기술의 발달로 인해 동시 통·번역이 가능한 시기가 되면 얘기는 달라질 수 있지만, 영어를 소홀히 해서는 안 된다. 나아가 중국어 등 제2외국어 습득까지 준비한다면, 경쟁력을 강화하는 데 더없이 좋은 필요조건이 될 것이다. 또한 SNS를 통해 세계인들과 네트워크를 구축하는 것도 잊지 말아야 한다. 유비무환의 자세로 나를 관리하는 것, 포트폴리오의 핵심 중 하나이다.

I - M A R K E T I N G

제4부

새로운 물결

달맞이 꽃

하루의 힘든 일상에서 가족 곁으로 발걸음을 재촉하는 엄마를 위해
밤의 달맞이꽃이 환하게 비추어 동행해 주다.

제 21 장

영토 개념의 확장과 도전

- 땅의 영토만 있는 것이 아니다
- 경제 영토를 넓혀라
- 사이버(Cyber) 영토는 기회의 땅이다
- 우주(Space) 영토를 준비할 때이다
- "세계는 넓고 할 일은 많다"고 했다

제21장 영토 개념의 확장과 도전

■ 땅의 영토만 있는 것이 아니다.

영토란 나라의 주권이 미치는 땅의 범위를 말한다. 헌법 제3조는 "대한민국의 영토는 한반도와 그 부속 도서로 한다"라고 명시하고 있다. 지금까지 우리가 알고 있는 영토의 개념이다. 국가 형태를 유지하기 위한 필수 요소가 영토와 국민이기 때문에, 국제 관계 속에서 나라의 영토 개념은 변하지 않을 것이다. 여기에서 언급하고자 하는 것은 헌법에 명시되어 있는 땅의 영토를 뛰어넘어 급부상하고 있는 새로운 영토의 개념에 특별한 관심과 주의가 필요하다는 사실이다.

영토와 관련하여 가까운 과거의 역사를 보면, 영국을 비롯한 서구 열강들은 앞다투어 영토 확장에 열을 올렸다. 아프리카 대부분은 영국과 프랑스의 직·간접 지배를 받았다. 아메리카 대륙은 엄연히 원주민이 주인이었음에도, 콜럼버스가 처음 발견했다고 서구 역사에 기술하면서부터 열강들의 식민지 쟁탈전으로 변해버렸다. 그 결과 한동안 영국, 프랑스, 스페인, 그리고 포르투갈 등이 자국의 식민지로 삼아 전체 미주 대륙을 지배하였다가, 지금은 영국을 비롯한 유럽인들이 대거 이주 정착하여, 그들이 땅의 주인이 되었다. 호주와 뉴

질랜드도 원주민의 땅이었으나, 영국의 침략으로 땅의 주인이 바뀌었다. 1, 2차 세계대전으로 인해 아시아와 아프리카의 많은 나라들이 강대국들의 식민지로 전락되어 주권을 빼앗긴 적도 있었다. 국가의 개념인 영토 전쟁은 2차 세계대전 이후 자취를 감추고, 식민지 국가들은 독립을 쟁취하였으며, 지금은 국가 간 영토의 경계가 거의 완성되었다.

왜 영토 전쟁을 했을까? 영토 전쟁의 주목적은 다른 나라를 식민지로 만들어 강제로 자원 등의 부를 자국으로 이전시켜 경제적 이득을 취하기 위해서였다. 그래서 금광을 중심으로 돈 되는 온갖 자원들을 무분별하게 개발해서 가져가고, 인간을 노예로 삼아 노동력을 착취하는 등 온갖 비인도적인 만행을 일삼으면서 오직 자국의 경제적 이익을 위해 영토 전쟁을 벌인 것이다.

그런데, 왜 지금은 영토 전쟁을 하지 않는가? 국가 상호 간의 보편적 가치를 존중하는 국제연합(UN)이 제 기능을 발휘하고 있다. 또한 모든 인류가 국가라는 개념과 그 소중함을 확실하게 인식할 정도로 민도가 높아져서 식민 지배를 더 이상 용납하지 않기 때문이다. 이것이 겉으로 드러난 영토 전쟁이 종식된 이유이다.

하지만, 영토 전쟁이 종식된 것은 국제기구의 영향이나 국민의 민도 수준의 상승도 그 이유가 될 수 있지만, 더 큰 이유는 다른 곳에 있다. 이제는 국가의 부를 창출하기 위해서 더 이상 물리적인 영토 전쟁을 할 필요가 없어졌다. 전쟁하지 않고도 얼마든지 경제적 이득을 취할 기회가 주어져 있고, 과거처럼 비인도적인 행위로 비난받지 않고도 노동력을 싸고 편리하게 이용할 수 있는 새로운 수단과 방법들이 등장하였다. 즉, 영토 전쟁까지 할 것 없이 부를 창출할 수 있는 확실한 대안이 나타난 것이다. 이제는 단일 국가가 아닌 세계를 무대로 한 새로운 형태의 영토 전쟁이 이미 시작되었다.

■ 경제 영토를 넓혀라.

먼저 새로운 영토의 개념에 초점을 맞추어 보자. 과거에는 경제적 이득을 목적으로 땅의 영토를 지배하였으나, 지금은 부를 창출하는 수단으로 새롭게 구축된 경제 영토로 초점이 이동하고 있다. 바야흐로 영토의 개념이 땅의 영토에서 경제 영토로 확대된 것이다. 세계 각국은 너 나 할 것 없이 경제 연대라는 명목으로 다자간 혹은 개별 국가 간 무역협정을 체결하고 있다. 시장경제라는 틀 속에서 국가의 개념은 퇴색했고, 세계는 단일 시장으로 급속하게 변하고 있다. 세계화라고 하는 말이 이제는 시골 장터에서도 들어 볼 수 있는 흔한 말이 되었다. 이로 인해 국가 간의 경계가 많은 영역에서 느슨해지고 있다. 세계화라는 이름의 경제 영토 쟁탈 전쟁이 땅의 영토 침략 전쟁보다 더 무섭고 세차다. 특히, 경제 열강들은 앞다투어 경제력을 무기로 경제 영토 전쟁에 보이지 않는 총칼을 들이대고 있다.

예로, 중국은 일대일로 정책을 앞세워 아시아와 유럽은 물론, 아프리카와 중남미 대륙까지 전 세계를 경제 연대라는 이름으로 자국의 이익을 위해 경제 전쟁을 확대하고 있다. 미국은 어떠한가? 세계 경제 최강국을 무기로 자국 화폐를 세계 기준 통화로 하여 경제 질서를 좌지우지하고 있으며, 화폐를 금과 바꿔주는 금본위제가 폐지된 상황에서 무한정 달러를 찍어 내고 있다. 또한 자국을 중심으로 한 경제 블록을 만들어 세력을 계속 확대해 나가고 있다. 이러한 미 · 중 간에 보이지 않는 경제 전쟁으로 인해 다른 국가들이 애먼 피해를 보고 있다.

이 얼마나 불공평하고 일방적인가? 물론 이면에는 상호주의로 포장이 되어 win-win 전략임을 강조하고 있으나, 강자 비교 우위는 국가 간 경제 전쟁에서도 여전히 유효하다. 10 중에서 3을 주고 7을 취하는 것이 결코 공평하다고 말할 수가 없다. 미국과 중국을 중심으로 한 정치적, 군사적, 경제적 힘의 논리로 무장한 새로운 형태의 경제 식민지 쟁탈전이 더욱 가속화될 것이다.

우리나라의 대일 무역수지 현황이 많은 것을 시사해 준다. 우리나라는 일제 강점기를 거쳐 해방 이후 75년의 세월이 흘렀다. 1965년에는 한일청구권 협정을 통해 3억 달러의 무상원조를 빌미로 국민적 합의가 아닌 정치적 합의로 과거사를 서둘러 봉합하였다. 순전히 경제적인 이유에서였다. 하지만 한일청구권 협정 이후 대일 무역수지는 단 한 해의 흑자 실현도 못 해본 채 700조 원 이상의 누적 적자를 기록하고 있다. 2020년에도 200억 달러의 무역 적자를 예상하고 있다. 어떻게 설명해야 하는가? 의존 경제라는 말, 경제 식민지라는 말이 무엇을 뜻하는 것일까?

더구나 국제 상관례상 있을 수 없는 수출 제한 조치를 취한 나라가 누구던가? 또 다른 경제대국으로부터 희토류 수출 중단 협박을 받자마자, 곧바로 무릎 꿇은 나라 주제에 자신보다 힘이 다소 못 미친다고 근거 없고, 터무니없는 이유를 내세워 무시하는 행태가 과연 옳은 일인가? 적반하장도 유분수다. 쉽게 드러나지는 않지만, 경제 전쟁 속에서 국가 간 도를 벗어난 반강제적인 위협과 압력은 지금도 계속되고 있다. 경제적 안하무인 행태는 세계 경제 질서를 훼손하는 중대 범죄 행위로 국제적 지탄을 받아 마땅하다.

새로운 경제 전쟁의 시대에 국력을 키우는 것 말고는 다른 해법이 없다. 지금은 경제력이 국력이다. 다행히 우리나라도 이제는 세계 10위권 안에 드는 경제대국이 되었다. 세계 무역 질서 속에서 발생한 일에 대하여 감정적인 대응이 아니라, 이성적인 판단과 사고로 완전한 경제적 독립을 위해 부단히 노력해야 할 때이다. 경제적 독립을 위해 더 힘 있게 달려가고, 두 눈 부릅뜨고 경계해야 한다.

■ 사이버(Cyber) 영토는 기회의 땅이다.

영토의 개념이 가상공간에까지 미치고 있다. 땅의 영토 개념과는 전혀 다른 별개의 개념으로 사이버 영토(가상 영토)가 있다. 사이버 영토는 이미 World Wide Web(www)과 인터넷을 통해서 밑그림이 그려져 있다. 사이버 영토의 특징을 보자. 사이버 영토는 국경이 없다. 따라서 사이버 세계는 단일하다. 사이버 영토, 즉 가상공간은 형태가 없기에 이론적으로는 무한한 확장이 가능하다. 사이버 영토는 주인이 없다. 먼저 선점해서 자리를 튼튼히 지키는 자의 몫이고, 사이버 영토의 주인은 수시로 바뀔 수 있다. 사이버 영토는 통제자가 없다. 대신 사이버 영토에서는 기업들이 흐름을 주도한다. 사이버 영토 안에는 자체의 거대한 사이버 시장이 존재하고, 현실 화폐 통용은 물론이고 가상 화폐까지도 등장했다. 사이버 시장의 경제 규모는 머지않아 전통적인 현실 시장을 능가할지도 모를 일이다. 또한 사이버 영토의 주인은 누구나 컴퓨터만 있으면 자동으로 시민으로 편입된다. 사이버 영토는 믿음대로 자유와 기회의 땅이 될 수 있을까?

현재까지 사이버 영토를 주도하는 기업들은 미국을 중심으로 득세를 하고 있지만, 앞으로의 세상은 아무도 모른다. 현실 경제학에서는 생산의 3요소를 토지, 자본, 노동이라고 하여 창업이나 사업이 쉽지 않았으나, 가상 영토에서는 창의적인 아이디어만 있으면 누구나 창업할 수 있다. 나머지 요소들은 기존의 자본 시장을 통해서 자동으로 따라오게 되어 있다.

창의적인 아이디어를 많이 가지고 있는 나라를 사이버 부국이라 부른다. 미국이 명실상부 세계 제일의 사이버 부국이다. 특이하게도 이스라엘은 전 세계 인구의 0.1% 정도밖에 안 되는 인구 소국이지만 사이버 부국으로 앞서 달리고 있는데, 아이디어 창안 능력은 단연코 세계 선두그룹으로 자타가 인정하고 있다. 이어서 후발 주자로 중국과 인도가 인구 대국답게 무서운 속도로 사이버 영토를 점유해 가고 있는데, 발전 속도가 가히 폭발적이다.

세계인들은 우리나라 국민의 두뇌 수준을 이스라엘과 곧잘 견주곤 한다. 세계가 우리의 두뇌를 인정한다는 의미이다. 세계적인 으뜸 두뇌 자산을 보유하고 있는 우리나라가 세계 사이버 경제 강국으로 가기 위해서는, 먼저 사이버 영토를 이해하고, 이를 활용하여 창업하고 사업을 키워야겠다는 국민적 컨센서스(consensus)가 필요하다. 우수한 두뇌들이 창업 대열에 나서고, 가상 영토에 진출하여 창의적인 아이디어로 승부를 내는 생산적인 일에 집중해야 한다는 것이다.

그러기 위해서는 교육계의 각성과 사계 전문가들의 혁신 노력이 요구된다. 창의적인 두뇌를 가진 인재를 양성하기 위해서는 교육에 대한 국민 의식이 바뀌고, 근본적으로 교육 문화와 사고가 바뀌어야 할 것이다. 무엇보다도 정부의 아낌없는 지원과 사이버 영토를 개척할 두뇌 육성이 뒤따라야 한다. 국민적인 힘을 모아서 지금부터 가상 영토를 확장하는 일에 최우선적으로 나서야 할 때이다.

■ 우주(Space) 영토 개척을 준비할 때이다.

영토 확장에는 지구도 좁다. 우주로 확장하여 달, 화성까지 경제적 영토를 구축하기 위해 소위 우주 강대국들인 미국, 러시아, 중국, EU는 국가적인 사업으로 선점을 위한 각축전을 전개하고 있다. 미국과 중국은 이미 달에 사람의 발자국을 남겼고, 화성에는 미국의 무인 탐사선이 땅을 밟았다. 우주를 영토로 확대하는 이유도 뻔하다. 군사적인 목적도 있겠지만 핵무기가 대치하는 공멸의 카드는 엄포 이외에는 현실성이 떨어진 시나리오이고, 경제적 부를 창출하기 위한 차원이 다른 경제 및 기술 전쟁임을 알아야 한다. 경제성이 엿보이자, 이제는 기업들이 선두에 나서고 있다. 전기차 테슬라의 일론 머스크(Elon Musk)의 스페이스 X와 아마존 창업자 제프 베조스(Jeff Bezos)의 블루오리진이 민간인의 우주여행과 위성 발사 대행 사업을 시발로 해서 앞서거니 뒤서거니 우주 시장에 영향력을 확대하고 있다. 바로 우주 산업이 지금껏 아무도 가지 않은 길이고, 개척할 영역이 무한하며, 미래 수익이 확실한 블루오션이기 때문이다.

현재도 우주 기술이 일상생활에서 많이 적용되고 있다. 내비게이션이나 진공청소기, 전자레인지 기술도 모두 우주 기술에서 나왔다고 한다. 또 다른 우주 기술을 통해 과학이 진보하고 인류의 삶의 질도 향상될 것이라고 전문가들은 예견한다. 바로 우주가 새로운 기술을 창조하고자 하는 호기심과 동기를 제공해 주고 있다. 과학의 진보는 바야흐로 우주 영토 개척이 환상이 아닌 실상임을 보여주고 있다.

먼 미래의 일이 아닐 것 같다. 빌 게이츠의 예상을 참고하면, 기술의 진보 속도가 과거 일백 년의 시간을 단 20년의 시간으로 단축하고 있으니 말이다. 우주 산업을 활성화하려면 저변을 확대할 스페이스 에코 시스템(Space Eco System)을 만들어야 한다. 그러려면 일차적으로 정부가 주도하여 초기 비용을 부담하고 이어서 기업이 참여하도록 하며, 초등학교 때부터 학생들이 우주에 대한 호기심을 갖도록 교육 커리큘럼을 새롭게 편성해야 한다. 출발선이 정해지지 않은 지금이 우주 영토 개척을 준비하고, 시작해야 할 바로 최적의 타이밍이다.

■ "세계는 넓고 할 일은 많다"고 했다.

필자는 대우맨이어서가 아니라 한국인의 한 사람으로서 경제 영토 개척의 선봉장이었던 김우중 회장님을 존경한다. 대우그룹은 미수교국이었던 중국을 비롯한 동유럽, 아프리카 등 많은 나라에 맨 처음 진출하여 한국의 대표 주자로서 대한민국 대우의 깃발을 꽂고 경제 영토 확장에 매진하였다. 대우그룹의 사가에도 세계가 등장한다.

"대우주 해와 달이 번갈아 뜨는 육대주 오대양은 우리들의 일터다." 이 말 한마디가 당시 대우가 취업희망자들이 가장 선호하는 직장이 된 첫 번째 이유이다. 나 또한 세계를 무대로 한 대우의 도전정신에 반해서 앞뒤 재지 않고 대우를 선택하였다. 물론 대우인이라면 다 나와 같은 마음이었다.

"세계는 넓고 할 일은 많다." 그분이 처음으로 쓴 자서전 제목이다. 감히 대우의 세계 경제 영토 확장을 언급할 위치에 있지 않아, 그분이 직접 쓴 글을 대신 옮겨 적어 본다.

"대우는 처음 사업을 벌일 때부터 해외로 눈을 돌렸다. 대우가 창업할 당시에는 수출하면 오히려 밑진다는 부정적 사고방식이 일반화되어 있던 시절이었다. … 그런 상황에서 우리는 과감하게 해외 시장의 개척에 착수했다. … 대우의 그와 같은 개척정신과 도전적 자세는 초창기 개척에 이어 미국, 유럽은 물론 외교관계조차 없었던 수단, 나이지리아, 리비아, 앙골라, 알제리, 중국, 헝가리, 체코, 소련 등에까지 시장을 개척하게 만든 힘이 되었다. 이 나라들 가운데 수단, 리비아, 알제리, 헝가리 등은 대우의 시장 개척 덕분에 외교를 맺는 관계로까지 발전한 사례이다."

– 김우중(1989), 《세계는 넓고 할 일은 많다》

대우는 개척정신과 도전정신의 상징이었다. 김우중 회장님은 이러한 도전과 개척정신을 바탕으로 한국 기업인 최초로 경제 영토 확장 사업을 진두지휘하였다. 대우의 몰락에 대해 여러 주장들이 있으나,

한 가지 분명한 것은 열강들과의 경제 영토 전쟁에서, 대우가 약해서가 아니라 국력이 약했기 때문에 강제로 퇴출당한 것이다. 당시에 대우는 해외 경제 영토 확장에 눈에 띄는 승리를 가슴 벅차게 이어가고 있었다.

한 예로 폴란드가 1990년대 중반에 국영 자동차 회사(FSO)를 매각하는 일이 있었다. 그 인수 경쟁에서 미국의 거대 자동차 기업은 탈락하고 자동차 제조 경험이 일천한 동양의 한 작은 기업, 대우가 인수에 성공하였다. 당시 대단한 뉴스거리로 전 세계를 깜짝 놀라게 했다. 아마도 이 사건이 대우가 불행에 빠지게 된 주된 이유 중의 하나였다고 확신한다.

대우의 경제 영토 확장 전쟁에 위기를 느낀 강대국들이 IMF(국제통화기금, 본부가 미국 워싱턴에 있음)에 보이지 않는 영향력을 행사하고, IMF 경제 위기에 빠진 우리나라의 상황을 교묘하게 역이용하여 세계 경제 영토 전쟁의 강력한 경쟁자였던 대우를 버젓이 살아 있는 채로 생매장해 버린 것이다. 어차피 경제 영토 전쟁이라는 용어도 생소할 터이니, 아니라고 주장한다면 그저 감수할 수밖에 없다.

지금의 국내 대기업 순위를 보라. 중후장대형 제조업 중심의 대기업 집단이 20년 전이나 별반 달라진 것이 없다. 대우가 사라진 만큼의 경제적 손실이 지금까지 이어오고 있음을 방증한다. 역사는 가정을 용납하지 않지만, 그래도 꼭 가정해 보고 싶다. 만약 대우가 국력이 뒷받침되어 IMF의 위기만 잘 극복했더라면, 세계의 경제 영토의 상당 부분은 한국이 차지했을 것이고, 일본을 능가하는 경제대국이 되었을 것이고, 더 많은 한국의 젊은이들이 유대인 못지않게 세계 경제를 주도하고 있었을 것이다. 안타까운 마음, 어찌 나뿐이랴!

이제는 후배들이 대우의 정신을 이어가야 한다. 개척정신과 도전정신, 그리고 경제 영토의 확장까지! 우리가 도전해야 할 대상은 경제적 영토에서 사이버 영토까지 추가되었다. 아니 우주 영토의 가치나 잠재력도 무한하다. 다행히 경제 영토와 사이버 영토에서의 한국의 위상은 날로 커지고 있고, 특히 K(Korea의 K, K-Pop, K-Movie 등)로 시작하는 사이버 영토가 놀라울 정도로 확대되고 있다. 그 여세를 몰아서 다시는 경제 영토 전쟁이나 사이버 영토 전쟁에서 굴욕을 당하지 말아야겠다. 2002년 월드컵 4강이 생각난다. 전 국토가 하나의 집합체가 되고, 모두 붉은 악마가 되어 포효하던 그 함성이 여전히 귓가에 쟁쟁하다. 오, 필승 코리아! Victory Korea!

제 22 장

경제 환경의 변화와 대응

- 경제의 기본은 무엇인가
- 경제가 무섭게 변하고 있다
- 제도와 규제의 혁신이 필요하다

제22장 경제 환경의 변화와 대응

■ 경제의 기본은 무엇인가?

제도가 바뀌고, 환경이 바뀌고, 세상이 바뀌면 맨 먼저 시장부터 변한다. 시장이 변하면 경제도 변한다. 곧 시장이 경제의 얼굴이다. 따라서 시장을 보면 경제가 보인다. 모든 경제 활동은 시장을 통해서 이루어지기 때문이다. 극히 예외적인 부분을 제외하고는 경제 주체인 가계 · 기업 · 정부는 시장이라고 하는 울타리 안에서 각자의 경제 활동을 영위하고 있다. 또한 국가 간의 경제 활동이 크게 증가함에 따라 물적 교류뿐만 아니라 자금의 거래도 활발하게 이루어지고 있어서 외국까지 경제 주체로 포함하기도 한다. 따라서 경제를 보려면 먼저 시장을 연구해야 한다.

현대의 경제학은 크게 애덤 스미스(Adam Smith, 1723~1790)의 고전학파와 존 케인즈(John M. Keynes, 1883~1946)의 케인즈학파로 크게 구분하여 발전해 왔다. 18세기 말부터 현재에 이르기까지 '다른 듯 같은 목적'을 향하여 꾸준히 이론적 논쟁과 발전을 거듭하고 있다. 경제학자들은 시대적 상황 변화에 적절히 대처할 수 있도록 경제 운용 전반에 걸쳐 합리적인 이론적 틀과 근거를 제시하였다. 근래에 이르러서는 너무나 복잡다기한 경제 현실과 경제 환경의 급속한 변화로 인해 이론과 현실 사이에 괴리감이 커지고 있다. 그런 이유로 수치 만능주의에 집착한 현대 경제학에 대한 무용론이 대두되고 있는 것도 사실이다.

아무튼 경제학 공부를 많이 하지 않은 사람도, 실질 학문으로서의 경제학의 시조가 애덤 스미스라는 정도는 다 알고 있다. 그는 세계적 지식 유산이 된 《국부론》에서 다음과 같이 언급했다. "고대 그리스 철학은 3대 부분으로 나뉘어 있었는데, 자연철학과 도덕철학, 논리학이 그것이다. 이 전반적인 구분은 사물의 본성과 완전히 일치하는 것으로 생각된다." 자연철학은 물리학 중심으로 영역이 확대되고, 도덕철학은 윤리학을 근간으로 해서 연구 저변이 확대되고 있다. 논리학은 추론의 양부에 대한 일반원리의 과학으로 발전을 지속할 것이라는 취지의 언급이었다.

또한, 그는 도덕철학이나 자연철학은 우주의 거대한 체계의 일부분이라고 하였다. 따라서 경제학의 기본인 도덕철학은 인간의 본성과 일치하도록 학문이 진보해야 한다는 사실을 강조하고 있다. 환언하면, 경제학도 도덕철학의 하위 개념에 속한 학문으로서 인간 본성에 대한 탐구가 바탕이 되어야 한다. 그렇지 않고서는 학문으로서의 존재 가치가 훼손된다고 본 것이다. 경제학의 태두가 이리 말하고 있는데도, 인문학이 대학교육에서 사라지고, 근본이 실종되는 현실을 볼 때 안타까움을 넘어 참으로 어이가 없다. 도덕철학의 목적인 인간 본성 회복이, 경제학은 물론 모든 학문이 주창해야 하는 근본정신이 되어야 한다.

"옥스퍼드 대학의 교수 대부분은 최근 꽤 오랫동안 가르치는 척하는 것조차도 완전히 그만두고, 버렸다." 교수와 학생 간의 관계도 수업료와 보수의 관계로 맺어져야 바람직하며, 기부금이나 정부의 지원이 보수가 된다면 교수는 학생들에게 열심히 가르칠 필요성을 느끼지 못한다고 단언했다. 그는 누구보다도 불로소득을 사회의 해악으로 보았으며, 공짜가 동기를 죽인다고 판단하였다.

예나 지금이나 경제학자들은 한결같은 목소리로 불로소득을 경제에서 가장 경계해야 할 대상으로 지목하고 있다. 지금의 한국 경제는 불로소득이 만연하고 있는데, 이에 대한 해법을 한국의 경제학자들이 앞장서서 내놓아야 하지 않을까 싶다. 애덤 스미스의 '보이지 않는 손'을 기다리기에는 너무나 멀리 와 버린 느낌이다. 숫자 놀음의 경제학 이론이나 주의 주장은 더 이상 국민의 눈높이에 맞지 않는다. 직감적으로 보는 경제에 관한 한 국민이 이미 스승이다.

애덤 스미스는 자기 이익을 추구하는 열정과 행위는 사회 전체의 이익과 조화를 이루는 방향으로 나아가며 그런 방향으로 이끄는 것이 이른바 '보이지 않는 손'이라고 하면서 각 개인이 저마다 자신의 부의 획득을 목적으로 행동한 결과, 생산력이 발전해서 사회 전체가 풍성해진다고 보았다. 이렇듯 아무도 사회 전체를 풍족하게 하는 것을 목적으로 행동하지 않음에도 '보이지 않는 손'에 의해서 사회 전체의 이익이 실현된다고 본 것이다.

그의 '보이지 않는 손'은 그의 또 다른 저서 《도덕감정론》에서도 언급되어 있는데, 그가 애용했던 '공감 원리'가 중요한 요소를 이루고 있다고 판단된다. 그는 말한다. "우리가 공감해 주면 당사자는 기뻐한다. 공감이 부족하면 당사자는 상처를 받는다. 게다가 우리도 그에게 공감하는 데 성공하면 기뻐하고, 실패하면 상처받는다." 서구의 공감 능력이란 사람들을 관찰하면서 스스로 자신을 일깨우며, 자기 행동의 도덕성을 인식한다는 말로서, 동양적 표현으로 역지사지(易地思之), 즉 처지를 바꾸어서 생각해 본다는 경구와 딱 어울리는 말이다. 공감 능력을 바탕으로 이루어진 사회관계가 도덕적 판단과 행동의 근원이 된다고 했는데, 우리 사회가 필요로 하는 것이 바로 '공감 능력'이 아닌가 한다.

애덤 스미스의 도덕철학, 정치철학, 경제철학은 후대가 이어받아 익히고 실천해야 할 책무라 생각한다. 지금의 한국 경제는 더 늦기 전에 애덤 스미스가 애기하는 '보이지 않는 손'과 '공감 원리'가 작동하여, 인간 본성 회복이 화급하게 이루어져야 하는 시기이다. 결론적으로 애덤 스미스의 시장과 경제는 인간 본성이 주도하는 공간이 되어야 하고, 경제학은 물질적 대상만이 아닌 인간 본성을 함께 탐구하는 도덕철학에 기반을 둔 학문이 되어야 한다.

■ 경제가 무섭게 변하고 있다.

'온라인(on-line)경제'의 확대가 시장의 변화를 주도하고 있다. 대표적으로 미국의 아마존(Amazon)과 중국의 알리바바(Alibaba), 한국의 쿠팡(Coupang) 등은 이미 기존의 전통 시장 개념을 혁신적으로 변화시켰다. 이들 온라인 기업만이 아니다. 수많은 벤처 기업들이 명멸을 거듭하면서 온라인 시장을 중심으로 사업 확장을 추진하고 있다. 이제는 전자상거래(E-Commerce)와 모바일 커머스(Mobile Commerce)의 비약적인 성장으로 인해 온라인 시장이 거스를 수 없는 대세로 자리 잡고 있다.

우리나라의 경우, 2016~2018년 온라인과 오프라인 유통의 매출 증가율(산업통상자원부, 2018년 주요 유통업체 매출 동향)을 보면 온라인이 평균 16%의 매출 증가율을 보인 반면에, 오프라인은 정체에 가까운 평균 3% 내외의 매출 신장률을 보이고 있다. 특히 젊은이들의 시장 이용 행태 추이를 분석해 보면, 앞으로도 온라인 매출의 상승 추세는 계속 이어질 것으로 전망된다. 마이클 포터(Michael E. Porter)의 이론을 거론하지 않더라도 온라인 시장에 더욱 관심을 가져야 하는 이유이다.

'옴니 채널(Omni Channel)'의 등장으로 온(on), 오프(off) 시장의 경계도 허물어지고 있다. 2010년 초반부터 시작된 옴니 채널 경쟁이 최근 급속하게 진행되고 있다. 옴니 채널이라는 용어는 2012년 미국의 메이시스(Macy's) 백화점이 온라인에서 물건을 사고 오프라인에서 수령하는 서비스가 포함된 '옴니 채널 리테일링'을 추구하면서 처음 시작되었다. 우리나라도 고객들의 니즈에 부응하고 시대의 흐름을 좇아 롯데, 신세계, 현대 등 거의 모든 백화점과 대형 쇼핑업체들이 옴니 채널을 운영하고 있다. 참고로, 고객들이 온라인에서 확인한 상품을 오프라인 매장에서 바로 구입하는 방식을 '웹루밍(Webrooming)'이라 하고, 오프라인에서 상품을 보고 온라인에서 구매하는 방식을 '쇼루밍(Showrooming)'이라고 한다.

'공유경제'를 통한 시장의 변화도 빠르게 진행되고 있다. 공유경제란 재화를 여럿이 공유하여 사용하는 공유 소비를 기본으로, 자원 활용을 극대화하는 방식을 말한다. 욕구와 편리함이 소유의 목적이다. 그런데 편리함과 필요성이 사라지면 공유가 정답이다. 더 저렴하고 편리한 것이 있는데 굳이 소유할 필요가 없기 때문이다. 특히 정보통신기술(ICT)의 발전은 편리함과 효율성을 무기로 더 많은 공유 사업을 확장해 나갈 것이다. 공유경제 시장의 확장성을 눈여겨봐야 할 때이다. 공유 산업의 영역이 어디까지 확대될지 참으로 기대가 크다.

코로나-19로 인해 부상하고 있는 '비대면 시장'도 시장 변화의 주역으로 빼놓을 수 없다. 과거에 이미 전문가들은 비대면 시장이 활성화될 것이라는 사실을 예견했다. 그로 인해 선도 기업들을 중심으로 비대면 시장을 지원하기 위한 소프트웨어, 프로그램 개발이나 네트워크 구축이 상당한 수준에 이르렀다. 시장의 흐름이 서서히 변하고 있던 와중에, 코로나-19가 비대면 시장의 폭풍 성장을 가속화시킨 것이다. 앞으로 비대면 사업은 교육기관을 비롯한 다양한 영역에서 예상을 뛰어넘는 혁신적인 변화를 몰고 올 것이 자명하다. 단적인 예로 사무공간 개념의 변화로 고정된 오피스나 지정된 좌석이 최소화될 수 있다. 모든 장소가 모바일 사무공간이 되는 것이다. 9 to 5의 시간의 굴레도 변화가 불가피하다. 과업 중심의 시간 관리가 필요할 뿐이다.

비대면 사업은 때와 장소에 상관없이 자유롭게 네트워크에 접속할 수 있는 유비쿼터스(Ubiquitous, 언제 어디서나 동시에 존재한다)의 세상을 실현하기 위한 마중물 역할을 하고 있다. 손오공의 분신술은 지금껏 상상에 불과했지만, 머지않은 장래에는 뉴욕에서 비즈니스 프레젠테이션을 하면서, 동시에 한국에서 사업 실적을 보고 받을 수도 있지 않을까? 그야말로 비대면 사업을 시작으로 AI와 홀로그램 등의 기술적 진보를 통해서 시공을 초월하는 유비쿼터스 시장이 개화하고 있다.

미국의 유수 기업들은 코로나-19가 종식되더라도 현재의 비대면 업무를 50% 이상 유지할 계획이라고 밝히고 있다. 비단 기업뿐만이 아니다. 학교, 정부 등 공공부문에서의 비대면 시장의 확대도 충분히 예상해 볼 수 있다. 아마도 지금과는 전혀 다른 세상이 될 것이라는 생각에까지 사고가 깊이 이어진다.

'글로벌경제'라는 개념의 변화도 시장의 다변화를 유도하고 있다. 과거처럼 해외에 직접 나가야 글로벌 시장을 개척하는 것이 아니다. 지금은 컴퓨터 하나로 전 세계를 하나의 시장으로 구축하여 계획 · 조직 · 지휘 · 조정 · 통제하는 경영 관리의 전 과정을 수행할 수 있다. 신제품 개발이나 전 세계를 상대로 하는 글로벌 영업 또한 무리없이 진행할 수 있다. 따라서 글로벌 시장은 물리적 · 형태적 시장은 물론이고 정보통신기술(ICT)이 바탕이 된 비형태적 시장 개념으로 그 영역이 비약적으로 확장되고 있다.

현재 다수 기업들은 인터넷 공간을 통해서, 현장을 직접 방문하거나 실물을 보지 않고도 비즈니스를 불편 없이 수행하고 있다. 이는 속도와 정보의 인프라가 구축된 결과이며, 기술의 발달 속도로 짐작해 볼 때, 비형태적 글로벌 시장의 성장은 초고속 가속 페달로 질주할 것이다. 흥미로운 사실을 한번 보자. 미국에 본사가 있는 여러 거대 기업들은 서비스 지원을 위한 콜 센터를 영어권인 인도에 설치하여 영어권 국가들의 콜을 커버하고 있다. 하지만 이런 현상도 몇 년 후에는 사라질지 모른다. 기술의 진보와 함께 시장의 형태 또한 바뀔 수 있기 때문이다. 대규모의 물리적 공간도 필요 없고, 사람이 직접 콜 업무를 수행할 필요도 없어진다. 전 세계 주요 언어를 마스터한 인공지능 로봇이 인간을 대신해서 콜 업무를 수행하는 시대가 오지 말라는 법이 없다. 소비자가 편리함을 느끼고 만족하기만 하면 전혀 문제 될 것이 없다. 그렇다면 콜 센터를 무인도나 달나라에 설치할 수도 있을까? 도대체 어디가 끝이고, 일자리를 잃게 될 사람이 설 자리는 있기나 한 것인가?

또한 '도시경제'가 시장의 변화를 촉진하고 있다. 중국이 개혁 개방으로 나오면서 '베세토(BESETO)'라는 말이 유행한 적이 있었다. 베세토란 베이징(Beijing), 서울(Seoul), 도쿄(Tokyo)를 일일생활권으로 묶어서 경제 활동을 할 수 있다는 말이다. 즉, 아침에는 서울에서 출근하고, 베이징에 가서 오후 상담업무를 마친 뒤, 저녁은 도쿄에 가서 관계자와 식사하고, 저녁 늦게 귀국한다. 당시에는 가능할까 했지만, 인프라의 발달로 인해 충분히 실현 가능한 일이 되었다. 베세토의 인구는 4,400백만 명을 넘는다. 유럽의 작은 국가들과 비교하면 4배 이상의 대인구이고, 도시의 경제력 집중도까지 고려하면 시장의 크기는 상상을 초월한다. 현재는 베세토 도시경제가 세계 10위 이내의 시장 규모로서 이론적으로만 존재하지만, 현실로 되지 말라는 법도 없다.

메타시티(Metacity)라는 말이 있다. 인구 1천만 이상의 도시들이 거대한 네트워크로 연결된 단일 생활공간을 형성하여, 국경 등 물리적인 경계선을 초월한 도시의 개념을 메타시티라 부른다. 유럽의 런던-파리-암스테르담-브뤼셀이 좋은 예로서, 이 도시들은 단일 생활권으로 하여 경제 활동을 활발히 전개하고 있다. 예를 들어, 직장은 금융과 세계화가 앞선 런던에, 주거는 안전과 비용 우위에 있는 브뤼셀이나 암스테르담에, 여가 생활은 문화 요소들이 풍부한 파리에서 즐기는 직장인들이 꾸준히 늘어나고 있다고 한다.

'고객'이 시장 변화의 주체가 되기도 한다. 과거에 고객은 단순하게 기업이 제공한 재화나 서비스의 소비 주체로 한정이 되어 있었다. 지금은 어떠한가? 과거 소비만 하던 컨슈머(Consumer)가 프로슈머(Prosumer, Product + Consumer의 합성어로 앨빈 토플러가 《제3의 물결》에서 처음 제시한 개념)가 되어 단순 구매에 만족하지 않고 직접 제품 개발에 참여하거나 정보를 제공하고 있다. 쉽게 말하면, 고객이 자신의 입맛에 맞게 기성복이 아닌 맞춤 정장을 입겠다는 것이다.

특히 정보통신기술(ICT)의 발달과 3D 및 모듈(Module) 생산 방식의 변화로 인해 고객의 시장 참여가 더욱 확대될 것으로 보인다. 이미 마케팅에서는 빅데이터를 활용하여 기업과 고객 사이의 연결고리가 끊어지지 않게 하는 폐쇄형 연결고리 마케팅(Closed-Loop Marketing, CLM)을 통해 고객의 개인화(Personalization)를 궁극적인 지향점으로, 마케팅 활동을 전개하고 있다. 또한 직접 자신의 블로그를 운영하면서 콘텐츠를 생산하거나 운영하는 UCC(User Created Contents)도 고객 스스로 시장을 창조하고 소비도 겸하는 고객 주도형 시장의 좋은 예이다.

이상 열거한 변수들 외에도 기후변화, 정치환경, 가족관계, 라이프스타일 및 가치관 등 다양한 변수들이 독립적, 또는 복합적으로 작용하면서 시장을 무섭게 바꾸고 있다. 또한 '구독경제'나 '플랫폼경제'도 시장이 형성된 이후 빠른 성장세를 이어가고 있다.

한 예로, 과거 골목 시장을 지배했던 비디오테이프나 카세트테이프는 CD로 대체되었다. 묶음 상품이던 CD는 애플의 아이튠즈를 만나 원하는 곡만 살 수 있는 낱개 상품으로 바뀌더니, 구독경제를 만나자 아이튠즈 방식마저 역사 속으로 서서히 사라지고 있다. 이제는 공유를 기반으로 하여 값싸고 무한정으로 들을 수 있는 새로운 시청각 시대를 맞이하고 있다.

짧은 기간에 참으로 놀라운 변화가 아닐 수 없다. 앞으로도 예상하지 못한 다양한 형태의 시장들이 새로운 과학 기술의 등에 올라타 혁명적 발전을 구가하면서 세상을 무섭게 바꿀 것이다. 세상의 주인은 사람인데, 세상은 주인조차 미처 깨닫지 못할 정도로 쾌속으로 변하고 있다. 우물 안의 개구리 신세가 되어서는 결코 안 된다.

■ 제도와 규제의 혁신이 필요하다.

시장은 지금 현기증이 날 정도로 빠른 속도로 변하고 있다. 사람들은 '불가능하다고 인식된 상황이 실제로 발생하는 것'의 대표적인 예로서 블랙스완(Black Swan)을 자주 인용하고 있다. 지금은 도저히 일어날 것 같지 않은 일들이 실제 일어나는 현상들은 블랙스완이 아니더라도 주변에서 쉽게 찾아볼 수 있다. 몇 년 전까지만 해도 생각지 못 했던 우주 산업이나 공유경제, 비대면 비즈니스니 등의 실체가 지금은 이미 우리의 일상을 파고들고 있다.

특히 지금은 정보통신기술(ICT)의 발달로 인해 상상하지 못했던 일들이 시장을 중심으로 다양하게 확산되고 있는 형국이다. 이렇듯 시장의 변화가 소용돌이칠 때는 반드시 제도의 변화가 함께 이루어져야 한다. 세상은 이미 변하고 있는데, 낡은 사고와 관행, 그리고 낡은 제도를 가지고서는 적시에 효과적인 대처가 불가능하여 국가적, 국민적 손실을 초래할 수밖에 없다.

제도 혁신이라 하면, 야간통행금지 제도를 빼놓을 수 없다. 아직도 산간오지에는 태양이 일상을 지배하여, 해가 뜨면 눈을 뜨고, 해가 지면 눈을 감는다. 그러한 예외적인 환경을 제외하고, 야간통행금지 제도가 사람들의 일상생활을 상당 부분 구속하던 때가 있었다. 우리나라는 1945년부터 1982년까지 무려 37년간 야간통행금지 제도를 운영하였다. 물론 이 제도는 조선 시대에도 치안을 이유로 존재하였고, 일제강점기에는 속내가 뻔히 드러난 민족 탄압을 목적으로 시행되었다. 그러다 1988년에 이르러 일부 휴전선 접경지역과 해안선을 낀 면부까지 전국에 걸쳐 완전한 야간통행의 자유가 실현되었다.

야간통행금지 해제는 시장에 대변혁을 몰고 왔다. 그 효과는 실로 대단했다. 한마디로 노동시장의 대변혁이 이루어졌다. 심야 영업이 가능해지면서 자영업을 중심으로 새로운 직업들도 날로 늘어나게 되었으며, 기존 사업 또한 영업시간이 연장되어 노동 수요가 폭발적으로 증가하였다. 통금 해제로 인해 밤낮이 없는 24시간 경제 활동이 가능해지자 인력 부족 현상이 심화되고, 이에 잠자던 주부들까지 본격적으로 취업 전선에 뛰어들어 노동시장에도 남녀평등을 가져오고, 가정경제의 주도권이 여성에게 넘어가는 신세계가 열리는 계기가 되었다.

야간통행금지 해제는 오랫동안 억눌려왔던 표현의 자유와 역동적인 에너지가 분출하면서 정신적 사고의 영역에서 진일보한 일대 혁신이 일어나는 시발점이 되었다. 특히, 문화예술 창작 분야에서의 영향력은 실로 대단한 충격이었다. 현재의 한류를 가능하게 한 계기가 야간통행금지 해제에서 비롯되었다고 해도 과언이 아닐 것이다. 이렇듯 통금 해제라고 하는 국가적 제도 개선으로 인해 노동 수요의 증가와 영업의 확대 및 신장, 그리고 표현의 자유와 역동성의 확산으로 이어져 국가와 개인의 경제적 부가 증가하고, 국민의 삶의 질도 큰 폭으로 신장하는 효과를 가져왔다.

규제 혁신 또한 노동 수요 증가와 경제적 부를 창출하는 데 긍정적인 효과를 가져올 수 있다. 예로, 미국은 1978년까지 모든 항공 요금과 노선, 여행사에 지불하는 커미션을 정부가 결정하고 통제하였다. 그러나 이후의 규제 혁신으로 항공사들이 개별적으로 가격을 설정하고, 노선을 결정하게 되었다. 이로 인해 경쟁적으로 고객을 유치하는 산업 내 경쟁이 치열해지고, 핵심 서비스와 보조 서비스가 확대되어 노동 수요가 증가한 것은 물론, 고객들은 더 나은 서비스 혜택을 받을 수 있게 되었다. 이렇듯 규제 완화도 제도 개선과 마찬가지로 기업이나 가계, 정부 전반에 걸쳐 상호 win-win 하는 방향으로 수렴되고 있다.

한 달간 이집트 등 세 나라를 여행하면서, 우리나라가 규제로 금지하고 있던 우버 택시와 에어비앤비 숙박시설을 매우 만족스럽게 이용한 경험이 있다. 이집트에서도 처음에는 관련 업종을 중심으로 외국 기업인 우버의 진출에 대한 반대가 심했다고 한다. 하지만 끈질긴 대화와 타협, 그리고 사회적 합의를 바탕으로 우버의 영업이 점차 공인받기에 이르렀다고 한다. 결론은 고객 만족이다.

이집트에 입국할 때는 카이로 공항에서 시내까지 일반 택시로 이동하였는데 부르는 값이 요금이었고, 이용 서비스 또한 불편할 뿐 아니라 안전도 걱정이 되었다. 하지만 이집트에 체류하는 동안 출국할 때까지 우버 택시를 이용해 보니 무엇보다도 호출 후 대기 시간이 매우 짧고, 직접 운전기사에게 요금을 지불할 필요 없이 우버 회사에서 정한 가격 기준에 따라 카드 결제가 이루어졌다. 또, 고객의 이동 경로가 기록으로 남겨져 있어 안전에도 걱정이 없었으며, 운전기사의 친절도 또한 우버의 국제적인 수준을 나름 충실히 이행하고 있었다.

에어비앤비 숙박 이용도 좋은 경험이었다. 한국에서 미리 에어비앤비를 통해 머물 장소의 숙박을 예약했었는데, 그중에 이집트의 대표적 휴양도시인 샴 엘 세이크(Sharm El Sheikh)에 아파트 한 채를 예약하였다. 에어비앤비는 이용 전에 사이트를 통해 정확한 세부 정보를 고객에게 알려주고, 소통 창구를 개설하여 집주인과 고객 사이에 안전하고 편안한 숙박이 이루어지도록 배려하고 있었다. 덤으로 여러 사람이 사는 아파트에 약 1주일 정도 거주하다 보니, 이웃에 사는 집주인은 물론 현지 주민과 대화도 하게 되고, 현장의 생생한 정보도 주고받으면서 여행에서만 얻을 수 있는 값진 경험들을 직접 체험할 수 있었다.

안타깝게도, 우리나라는 규제 완화에 대해 부정적 여론이 많은 것이 사실이다. 심지어 우리나라를 규제 공화국이라고 부르기도 한다. 반은 맞고, 반은 틀린 것 같다. 사회 공동체적 삶을 지원하기 위한 제도와 규제는 변함없이 강화해야 한다. 예를 들어 불로소득, 부동산 투기, 독점, 양극화를 심화시키는 부문 등은 국가가 나서서 합리적인 방법으로 규제를 강화해야 한다.

하지만 불합리한 규제로 인해 오히려 공공의 이익에 손해가 가거나 국가 경쟁력을 떨어뜨리는 산업과 관련된 규제들은 국민적 합의를 바탕으로 과감하게 풀어야 할 때가 된 것 같다. 특히 경제적 위상이나 규모로 볼 때, 우리나라도 이미 세계화의 주역으로 활동하고 있는 이상 국제 관행이나 국제 기준을 벗어난 낡은 제도와 규제들은 신규 산업의 문호를 넓히고 국제적 경쟁력을 강화하는 차원에서 과단성 있게 풀어야 한다. 또한 과학 기술의 발달로 인해 시대에 맞지 않는 불필요한 제도나 규제의 사각지대가 하루가 멀다 하고 발생하고 있는데, 입법기관에서는 제도 혁신 특위라도 구성하여 시대의 흐름에 순응해야 할 것이다.

제 23 장

새 물결, 내일을 위한 준비

- 패러다임은 혁명적으로 변한다
- 환경에 순응하여 재빠르게 변화하자
- 스마트형 인간이 되자
- 아는 만큼 보인다

제23장 새 물결, 내일을 위한 준비

■ 패러다임은 혁명적으로 변한다.

세상이 변했다고 얘기한다. 또 패러다임이 바뀌었다고 얘기한다. 실제로 주변을 보면 과거와는 전혀 다른 세상이 펼쳐지고 있음을 쉽게 체감할 수 있다. 빌 게이츠는 "다가올 10년의 변화가 지난 50년의 변화보다 더 클 것이다"라고 예견하였다. 그가 2000년을 바라보면서 쓴 책이니, 이미 20년이 지났다. 지금까지 우리는 과거 100년의 변화보다 더 큰 변화를 불과 20년 만에 경험한 것이다. 당대 최고 기술 선도자의 말이니 믿어서 손해 볼 일은 결코 없을 것 같다. 우리가 '변했다'라는 표현을 사용할 때는 흔히 '혁명'과 '패러다임'이라는 용어를 생각하게 된다.

혁명이란, 정치적으로는 헌법의 범위를 벗어나서 국가 기초, 사회 제도, 경제 제도, 조직 따위를 근본적으로 고치는 것을 말한다. 사회적으로는 이전의 관습이나 제도, 방식 따위를 단번에 깨뜨리고 질적으로 새로운 것을 급격하게 세우는 일을 뜻한다. 따라서 혁명은 사회적으로 공동체의 의식과 사고 체계를 지배하여 제도나 관습, 그리고 가치관까지도 일거에 변화시켜 버린다. 그래서 기존의 상황 틀 안에서 개혁을 추진하는 것은 지극히 힘든 일이지만, 시대의 변화를 부르는 혁명은 오히려 쉬울 수 있다고 얘기하기도 한다.

패러다임(Paradigm)이란 미국의 사회과학자 토머스 쿤(Thomas Kuhn)이《과학혁명의 구조》에서 처음 제시한 개념으로, 새로운 패러다임의 등장을 통해 과학혁명이 발생한다는 과학철학 이론이다. 최근에는 사회과학 측면에서 패러다임 이론이 널리 인용되고 있는데, 패러다임이란 한 시대를 지배하는 과학적 인식, 이론, 관습, 사고, 관념, 가치관이 총체적으로 결합된 틀이나 집합체를 말한다. 인간은 "동일한 시대를 살아가는 동안 패러다임을 통해서 시대가 안고 있는 해결할 만한 가치가 있는 문제들을 해결할 수 있다"라는 폭넓은 믿음과 세계관을 가지고 있지만, 공동체가 기존의 패러다임으로 문제를 해결할 수 있다는 믿음이 바뀔 때, 패러다임은 혁명적으로 변한다고 주장한다. 물론 패러다임 혁명은 사회과학 측면에서의 관습, 사고, 관념, 가치관까지 결합된 모든 집합체의 변화를 의미한다.

근세 역사에서 가장 대표적인 혁명으로 프랑스 시민혁명(1789~1794)을 들 수 있다. 프랑스 시민혁명은 기득권 문화와 구제도를 타파하고 인권과 자유를 쟁취하기 위한 아래로부터의 혁명으로서, "주권은 국민에게 있고, 모든 권력은 국민으로부터 나온다"는 국민주권론과 인류의 보편적 진리인 평등과 인권, 자유의 정신을 전 세계로 확산시키는 기폭제가 되었다.

그렇다면, 토머스 쿤은 패러다임의 변화가 혁명적으로 온다고 했는데, 지금의 패러다임 변화의 상황을 '인터넷 시민혁명'(학문적으로 공인된 용어가 아닌, 필자가 임의로 정한 용어)이라고 불러도 되지 않을까? 혁명의 중심 세력은 역사적, 과학적 진보와 이상을 화두로 삼고 있는 역동적인 젊은 세대이고, 혁명의 장소는 인터넷 공간이다. 혁명의 가치는 개인의 소중함, 평등과 자유, 그리고 기회의 균등과 확장이다. 심지어 어떤 학자는 "권력은 인터넷으로부터 나온다"라고 확대 해석하면서 인터넷의 영향력이 비약적으로 커질 것임을 예견하기도 했다.

혁명적 변화의 시대를 어떻게 대비해야 할 것인가? 새로운 패러다임은 혁명적으로 발생하는 특징을 가지고 있으므로, 느긋한 마음으로 여유를 부릴 시간이 없다. 계절이 바뀌면 계절에 맞는 옷으로 바꿔 입어야 한다. 마찬가지로 패러다임 전환의 시기에는 그 변화에 맞게 나를 재빠르게 변화시켜야 한다. 패러다임 전환의 시대, 변화는 생존과도 깊은 상관관계를 가지고 있다.

■ 환경에 순응하여 재빠르게 변화하자.

엊그제 일 같은데, 벌써 30여 년의 세월이 흘렀다. 그 당시 PC가 사무 환경을 혁신적으로 변화시키고, 사무 업무의 절반 이상을 PC가 대체하는 일이 발생하였다. 그 결과 1997년 IMF 경제 위기와 PC로 인한 사무 환경의 변화로 인해 다수의 직장 종사자들이 명예퇴직이라는 이름으로 회사를 떠나야 했던 가슴 아픈 기억들이 아직도 생생하다.

특히 당시에는 PC를 중심으로 컴퓨터 세대와 컴맹 세대로 완전히 나뉘어 있었다. 사무 환경의 변화로 인해 컴맹 세대는 점점 설 자리를 잃게 되어, 10여 년이 지난 시점에 이르러서는 컴맹 세대가 완전히 퇴출당하는 운명을 맞이하게 된다. 이제는 직원을 채용할 때 PC 운용 능력은 기본 스펙이고, 프로그램 개발 능력까지 추가로 원하는 기업들이 늘어나고 있다.

제조업의 예에서도 변화의 파장을 쉽게 확인할 수 있다. 중국이 가전 산업에 있어서 한국이나 일본을 조기에 따라잡을 수 있었던 비결은 생산 방식의 대변혁과 디지털 기술에 있었다. 즉, 아날로그에서 디지털로의 전환, 컨베이어 시스템 방식에서 모듈 방식으로의 변화, 기술의 진보에 따른 제조 공정의 혁신 및 자동화 등으로 인해 누구나 쉽게, 심지어는 장난감 만드는 수준이면 가전제품을 생산할 수 있는 편리한 환경이 주어진 것이다.

과거 가전 산업은 컨베이어 시스템에 의존하였다. 브라운관식 아날로그 TV의 예를 보면, 한 개의 조립 라인에 최소 100여 명 이상의 작업자가 공정에 배치되어 부품을 조립하고, 조정하고, 검사하고, 마지막 양품 판정까지 하는 일관 작업을 순차적으로 진행하였다. 이런 작업 방식에서는 작업자의 고도의 숙련도와 경험, 그리고 노하우가 제품의 품질을 좌우하였다. 아날로그 상황에서는 중국이 쉽게 따라올 수가 없었다.

그런데 얼마 지나지 않아 제조 환경이 급변했다. 모든 가전제품이 아날로그가 아닌 디지털화되고 모듈화되어 단 한 명의 작업자가 조립에서 판정까지 TV를 완벽하게 생산할 수 있는 구조로 바뀌었다. 작업자의 숙련도나 노하우는 더 이상 중요하지 않다. 제품의 성능도 조정이나 검사 기능이 필요 없이 작동만 되면 품질에는 이상이 없다. 비단 가전 산업뿐만 아니라, 제조업의 모든 공정이 자동화와 디지털화 등 기술의 진보를 통해서 생산 방식이 혁신적으로 바뀌게 되었다.

지금은 또 어떤 변화의 상황인가? 시장과 산업 현장에서는 과거와는 비교가 안 되는 혁명적인 변화가 휘몰아치고 있다. 그래서 이구동성으로 지금을 4차 산업혁명의 시대라고 이야기한다. 4차 산업혁명은 정보통신기술, 즉 ICT(Information & Communication Technology)가 주도하고 있는데, 4차 산업혁명의 핵심 도구로는 AI(Artificial Intelligence), Big Data, IoT(Internet of Things), Robot 등을 들고 있다.

지금 세계 유수의 기업들은 경제 영토니 사이버 영토니 하면서 4차 산업혁명 무기들을 이용하여 시장 경쟁의 강도를 최고조로 끌어 올리고 있다. 미국만 보더라도 4차 산업혁명의 대표 격인 AI, Big Data, IoT, Robot 분야는 물론 위치 기반 서비스(Location-Based Services, LBS), QR코드(Quick Response Codes), 3D, 자율주행의 열풍에 휩싸여 있다. 이들 기술이 개별 기술의 효용성 못지않게, 융·복합적으로 상호작용하여 경제, 산업, 사회 구조 전반을 혁명적으로 변화시키고 있다는 사실에는 전혀 이견이 없다.

혁명의 시대에는 재빠르게 순응하고 스스로 변하는 것 말고는 방법이 없다. 아날로그 필름 시대를 주름잡았던 100년 기업 코닥에서 교훈을 얻었고, 휴대전화의 최강자였던 노키아에서 배울 만큼 배웠다. 시대의 변화에 부응하지 못하고 사라진 기업들이 어디 이 둘뿐이던가?

흔히 지금을 위기의 시대라고 한다. 다 아는 얘기이지만, 위기는 위험 요인(Risk)과 기회 요인(Chance)을 동시에 가지고 있다. 어느 쪽을 잡느냐 하는 것은 전적으로 각자의 준비에 달려 있다. 기업은 물론 개인도 지금 당장 '인터넷 시민혁명'과 '4차 산업혁명'의 새 물결에 순응하여 유비무환의 정신 자세로 철저한 대비를 해야 할 때이다.

흔히 하는 말로 "강한 자가 살아남는 것이 아니고, 살아남는 자가 강하다"고 하지 않던가. 앞에 '혁명과 환경'이라는 상황 논리가 빠져서, 이해에 다소 혼선이 있을 수 있겠다. 다시 강조한다. 혁명의 시대에는 자신을 강하다고 과신하여 변화된 환경을 무시하는 자는 죽고, 변화된 환경에 스스로 적응하는 자는 살아남을 수 있고, 살아남았기에 강하다는 말이다.

환경에 이기는 장사 보았는가? 다윈의 진화론이 실증해 주고 있다. 변화는 개인이나 기업 모두에게 적용되는 말이다. 머지않아 제2의 컴퓨터 시대나 디지털 시대가 오지 않는다고 누가 감히 보장하겠는가? 그렇기에 주변에 무슨 일이 일어나고 있는지를 매의 눈으로 정확하게 간파하고, 그에 걸맞게 나를 재빠르게 변화시켜야 한다.

■ 스마트형 인간이 되자.

지금의 환경 변화를 보면 아날로그 사고로 길들여진 기성세대에 기댈 여건은 못 된다. 여기에서 기성세대는 나이도 무시할 수는 없겠지만, 무엇보다도 사고의 유연성과 변화 수용성의 정도를 가지고 구분하는 것이다. 이제는 4차 산업혁명이 스마트형 인간을 원하고 있다. 정보통신기술(ICT)의 도구들은 물론이고, 기계학습(Machine Learning), VR(Virtual Reality), AR(Augmented Reality), MR(Mixed Reality), 코딩(Coding) 등에 대해 알고 있거나 관심을 가지고 있는가? '예'라고 답하는 순간, 당신은 이미 스마트형 인간에 편입되었다. 스마트형 인간은 인터넷 시민혁명의 신세대에게 딱 어울리는 표현이다. 스마트형 인간은 다음의 몇 가지 공통적인 특징을 가지고 있다.

먼저 스마트형 인간은 방임이 아닌 자발적 규율과 절제된 자유를 존중한다. 자율과 절제된 자유는 인터넷 공동체를 유지하는 사회적 약속이다. 또한 스마트형 인간은 연결성이 자유롭다. 시간적, 공간적 제약을 최소화하고, 유연한 사고를 가지고 편견 없이 대중과 연결을 시도한다. 시대에 뒤떨어진 고정관념의 때가 낄 여유가 없다. 더불어 스마트형 인간은 이동성을 중시한다. 특히 모바일 환경의 적응력이 빨라서 모든 일을 모바일 환경 안에서 처리하는 것을 즐겨한다. 아울러 스마트형 인간은 SNS 등을 통해서 네트워크를 구축하여 자신의 위상을 공고히 한다. 특히 가상의 네트워크를 활용하여 깊은 소속감과 신뢰를 구축하고, 나름의 1인 주권을 자유롭게 행사한다.

한편 스마트형 인간은 끊임없이 커뮤니케이션을 이어간다. 커뮤니케이션의 상대가 어디에 있든지, 누구든지 상관하지 않는다. 내가 원하는 정보를 얻을 수만 있고 상호 만족을 추구할 수만 있다면 상대를 존중하고, 기꺼이 커뮤니케이션을 유지한다. 또한 학교에서 얻은 정보에 만족하지 않고, 인터넷 검색 등을 통해서 더 많은 실용 지식을 얻기 위해 집중한다. 그로 인해 언제든지 스스로 사업을 추진할 정도의 전문적인 지식을 갖추게 된다. 물론 스마트형 인간은 4차 산업혁명의 도구들이 제공하는 각종 프로그램이나 혜택들을 구매 선도자(Early Adapter)가 되어 앞장서서 적극적으로 활용하고 리드한다.

마지막으로 스마트형 인간은 자기가 필요한 것들을 스스로 만들거나 주문할 수 있는 능력을 갖추고 있다. 스스로 생산자와 소비자를 동시에 겸하기도 하고, 정보의 제공자가 되어 스스로 정보를 가공하고 콘텐츠를 기획하고 제작하여 유통시키기도 한다. 또한 인터넷 공간을 활용하여 개인과 가족 단위의 역사를 기록 · 저장하는 사적 방송과 미디어 시대가 도래할 것이다. 이때는 인간이 과거와 현재의 경험들을 두뇌에 저장하는 것이 아니라, 인터넷 공간에 저장하는 시대를 맞이하게 될 것이다. 상상이 아닌 현실이 될 것임은 자명하다. 왜? 사람이 직접 수고하는 것이 아니고, 4차 산업혁명의 기술 도구들이 완벽하게, 매우 쉽게 대행해 줄 것이니까.

■ 아는 만큼 보인다.

베토벤의 〈교향곡 제5번 운명〉이나, 피카소의 〈게르니카〉를 아무리 입에 침이 마르도록 자랑한다고 한들, 알지 못하면 그저 악기들의 소음에 불과하고, 붓과 색의 장난에 지나지 않는다. 그래서 '배워서 남 주냐'고 했고, '아는 만큼 보인다'고 하지 않던가?

요즘 세계가 한 가족이라는 말이 실감이 난다. 전 세계적으로 인터넷을 통한 정보와 소통의 교류로 인해 생각과 사고, 가치관의 동조화 현상이 빠르게 진행되고 있다. BTS(방탄소년단)는 한국 가수라기보다는 세계 가수이다. 〈기생충〉(봉준호, 2019)은 한국 영화가 아닌 세계 영화이다. 격동의 시대에 길을 잃은 젊은이들에게 희망을 노래하고, 계층 간 벽에 갇힌 불평등의 문제를 영상을 통해 전달할 때, 한국인만이 아닌 전 세계인이 열광하고 공감한다. 이것이 바로 생각과 사고, 가치관의 동조화를 통해 전 세계가 하나 되고 있음을 보여 주고 있는 실제 사례이다. 이제 나도 세계인이라는 동류의식을 가지고, 세계인으로서의 생각과 사고, 가치관을 받아들일 때 본연의 역할을 찾을 수 있고, 세상을 보는 눈이 열리게 된다.

시장의 변화를 알면 더 잘 보인다. 요즘 핫(hot)하다는 경제 용어들만 제대로 알아도 세상의 흐름을 대강 알 수 있다. 온라인경제, 글로벌경제, 도시경제, 공유경제, 비대면경제, 구독경제, 플랫폼경제, 빅데이터경제, 우주경제 등이 새로운 경제 환경을 선도하고 있다. 물론 이러한 경제 현상들은 이론이나 상상이 아닌 이미 우리 주변에 존재하고 있는 현실이다. 아울러 1차, 2차, 3차 산업혁명의 변화 과정을 시간을 내서 공부하면, 더 많은 것을 알 수 있을 것이다. 아는 만큼 보인다.

에필로그:
이 책이 인연이 된 독자 여러분께

"There are no great things, only small things with great love."

(위대한 것들이란 없다. 다만 위대한 사랑을 가진 작은 것들만 있을 뿐이다.)

– 마더 테레사(Mother Teresa) –

■ 성취의 기쁨을 즐기십시오!

2019년 1월 1일, 친구 부부랑 우리 부부 네 명이 한 달간 이집트, 이스라엘, 요르단을 자유여행으로 다녀왔습니다. 해외여행, 특히 자유여행은 준비한 정도에 비례해서 만족과 보상이 주어집니다. 떠나기 전에 준비를 철저히 해야 합니다. 전체 일정에 맞춘 국내외 항공편 예약, 에어비앤비 등을 이용한 숙박 예약, 여행 일정 짜기, 그리고 방문국에 대한 사전정보 파악 등은 필수입니다. 당시에는 이집트 여행 서적이 없어서 거의 한 달 이상을 인터넷 검색 등의 도움으로, 카이로에서 아부심벨까지의 이집트 북남 국토 종단과 이스라엘과 요르단 여행 코스까지 알차게 준비하여 한 달간의 자유여행을 당초 계획대로 흥분과 감동으로 마무리할 수 있었습니다.

집사람은 여행기를 한번 써보라고 권유했지만, 희망사항으로 남겨 놓았습니다. 독자 여러분께서 동기 부여를 받았으면 하는 마음으로, 여행 중에 특히 감동적이었던 극히 일부만 양념으로 공유하겠습니다. 단체 여행객들은 2시간밖에 시간이 주어지지 않는다는 그 유명한 피라미드 투어를 파라오가 된 기분으로 온종일 구석구석 살피면서 신전의 주인공이 되었습니다. 특히, 광활한 피라미드 유적지 공간 뒤에 헬기장이 있는데, 그곳에서 손수 준비한 황제 간식을 곁들이면서 인간의 위대함을 토론했습니다. 이런 절호의 기회를 얻게 된 선택받은 자로 자뻑도 해봤습니다. 나도 위대한 인간이라는 자부심과 긍지를 바람에 실어 피라미드 끝을 노크하자, 피라미드가 약간 기우뚱 인사하면서 반갑게 맞아주었습니다.

룩소르 서안을 투어할 때는 맴논거상에서 핫셉슈트(유일한 여성 파라오 신전)가 있는 퀸스 밸리(Queen's Vally)를 지나 킹스 밸리(King's Vally)까지 온종일 사막 투어를 겸해서 20km 이상을 걸어도 마냥 즐거웠습니다. 수천 년 전에 이룩한 인류의 위대한 역사를 두 발에 의지해서 생생히 체험하였습니다. 비록 한 사람의 개인은 왜소해 보일지라도, 인류로 거듭날 때 '한계란 없다'는 위대함을 깨닫기도 하였습니다.

세계 각국에서 모인다는 다이버들의 천국인 다합에서는 한국인 젊은이들이 각국의 음식과 풍물들을 소개하는 이벤트 데이에 김밥 등 한국 음식을 직접 조리해서 팔기도 했습니다. 세계의 젊은이들과 어깨를 나란히 하면서 한국인으로서의 존재감과 열정을 과시하는 모습을 보며 감동의 환희와 기쁨의 눈물도 흘려봤습니다.

이집트는 1월 7일이 크리스마스 날이라고 합니다. 인간이 만든 세계 최대의 쓰레기 마을을 지나 동굴교회에 도착하여 현지 교인들과 함께 크리스마스 장식도 만들고 점심도 함께 나누었습니다. 하나님이 모세에게 10계명을 하사했다는 2,268m 시내산(모세산) 정상에 올라 해돋이를 보면서, 역사적 순간을 기념하여 대상을 세계로까지 넓혀 긴 시간 기도를 드렸습니다. 정상에는 기도처 두 개가 나란히 있는데, 기독교 기도처와 무슬림 기도처입니다. 천상(정상)에서는 싸우지 않는다는 사실을 분명히 확인한 뜻 깊은 시간이었습니다.

이스라엘의 굴곡진 역사 현장인 팔레스타인 분쟁 지역과 통곡의 벽에서 느꼈던 미묘한 이중성이 지금도 미스터리입니다. 조그만 영토에, 1천만이 채 안 되는 인구로 어떻게 세계 정치와 경제를 주무를 수 있을까 하는 생각도 해보고, 우리나라도 외형적으로는 이스라엘보다 훨씬 좋은 조건과 환경을 가지고 있는데 무엇이 부족할까, 나름 국민 된 도리로 국가적 현실에 대한 고민과 함께 비전도 꿈꿔 보았습니다. 요르단의 페트라 신전에서의 경외감을 떠올리면 한 번 더 가보고 싶다는 생각이 뇌리를 떠나지 않습니다.

일부러라도 시간을 내서 가능하면 부부가 함께 자유여행을 하시기를 추천합니다. 특히나 한 달간의 밀착 여행으로 부부금슬이 좋아지는 것은 물론, 서로 이해하고 배려하는 마음, 소중히 하는 마음이 되살아났음을 귀국 후의 삶 속에서 깨달았습니다. 제약 요인은 별로 없습니다. 어학을 걱정하시는데, 20년 이상 배운 실력이면 먹고, 자고, 움직이는 데는 큰 어려움이 없습니다. 용기가 문제일 뿐입니다. 정안 되면 구글 번역기를 활용하면 훌륭한 비서가 되어 줍니다. 사실 시골 구석구석을 두루 방문하는데, 현지인들은 영어를 전혀 못합니다. 코로나-19가 아니었다면, 2020년에는 방학을 이용해서 한 달간의 북유럽 자유여행에 흠뻑 취했을 텐데, 모든 준비를 다 해 놓고도 놓치고 말았습니다. 하지만 계획은 여전히 유효합니다.

서울에 거주하는 사람 치고 도봉산 인수봉을 오른 사람이 몇 사람이나 될는지요? 저는 올라 봤습니다. 제가 직장 다닐 때 산악회 회장을 맡았는데 등산 경력이 아니라 직위 때문에 맡게 되었습니다. 어느 날 인수봉을 등정하겠다는 계획을 보고받았는데, 회장 신분이라 책임도 있고 해서 도리 없이 회원 10여 명과 함께 인수봉 등정에 참여하였습니다. 정상에서의 짜릿함과 성취의 기쁨을 서울 시민들에게 외쳐 보였습니다. 지금도 그때가 바로 어제인 것처럼 생생합니다. 내려와서 부근에 위령탑을 보고는 아연실색하였습니다. 두 번 다시는

할 수 없는 대단한 사건이었습니다.

태어나서 처음으로, 그렇게도 복잡다기한 몸 안의 근육들이 등정하는 나를 보호해 준다는 사실에 놀랐습니다. 나는 집중력이 부족한 사람이라고 자책했지만, 그때의 집중력은 과녁을 정조준하고 있는 국가대표 양궁선수 이상이었습니다. 제대로 사용을 안 했을 뿐이지, 나의 집중력은 전혀 문제가 없었습니다. 한 사람 한 사람 자신도 중요하지만 다른 동료들의 안전에 각별한 신경을 써주었던 회원들의 동료애, 특히 우리 허 대장(전설의 허 대장이 아닙니다)의 배려 덕분에 산악 친구들이 모두 인수봉 정상에 올라 평생 잊지 못할 소중한 추억과 성취의 희열을 맛볼 수 있었습니다.

한 달간의 해외 자유여행과 인수봉 등정은 내가 성취의 기쁨을 만끽할 수 있었던 여러 사례 중에 일부입니다. 성취의 기쁨은 만족과 동기를 동시에 부여해 줍니다. 성취의 기쁨은 또 다른 도전을 자극합니다. 성취의 기쁨은 에너지를 충만시켜 줍니다. 성취의 기쁨은 나의 존재감을 자랑스럽게 받아들이게 합니다. 성취의 기쁨은 '할 수 있다'는 자신감을 불러일으켜, 긍정적이고 적극적인 나를 만들어 줍니다. 작은 일부터 한 번 시도해 보십시오. 그리고 성취해 보십시오. 성취 바이러스는 나의 몸은 물론 정신 전체에 살이 되고 피가 되어 나의 삶에 무한한 활력을 불어넣어 줍니다.

■ 세상에 공짜는 없습니다!

미국의 경제학자 밀턴 프리드먼은 이야기합니다. "세상에 공짜 점심은 없다." 경제학자답게 공짜는 미끼 상품에 불과하다고 하면서, 공짜 미끼의 덫에 걸린 사람은 더 큰 경제적 비용을 감수해야 한다고 단언합니다. 맞는 말인 것 같습니다. 공짜 다음에는 더한 유혹이나 대가나 희생이 기다리고 있습니다. 심지어 19세기 말에 미국 의회는 공짜 점심 방지법까지 만들었다고 하니 믿거나 말거나 공짜가 개인이나 사회 전체의 문제인 것만은 분명한 사실입니다.

러시아 속담에 "공짜 치즈는 쥐덫 위에만 있다"라는 말이 있습니다. 그런데 치즈가 공짜일까요? 아닙니다. 쥐덫 위의 치즈는 죽음과 맞교환하는 가장 비싼 것입니다. "공짜라면 양잿물도 마신다"는 우리네 속담과 딱 맞는 말입니다. 둘 다 겉으로는 공짜인 것처럼 보이지만, 사실은 공짜가 아닙니다. 공짜에는 극단적인 예로 생명과도 맞바꿔야 할지 모르는 위험이 도사리고 있습니다. 그렇기에 공짜를 터부시해야 합니다.

톨스토이는 말합니다. 쥐가 넝쿨을 계속해서 갉아먹고 있고, 인간은 곧 끊어질지 모르는 위험천만한 그 넝쿨에 매달려 있으면서도 넝쿨에 붙어 있는 벌집에서 뚝뚝 떨어지는 공짜 꿀방울의 맛에 취해 죽음까지도 잊고 산다고요. 여기에서 꿀물은 결코 공짜가 아닙니다. 자신의 목숨과 바꿀 수 있는 또 하나의 치즈에 불과한 것입니다. 인간 세상에는 그냥 공짜로 얻어지는 것이 하나도 없는 것 같습니다. 분에 넘치는 권력도, 분에 넘치는 재물도 공짜에 불과합니다. 공짜 좋아하다 패가망신한 사람 많이 봅니다. 노력한 만큼의 대가로 정직하게 보상을 받는 것이 세상을 아름답게 하는 이치인 것 같습니다.

운에도 공짜가 아닌 것이 있습니다. 운도 실력이라고 하지 않습니까? 준비하는 노력이 없다면, 운도 그저 스쳐 지나가는 바람에 불과합니다. 복권에 운을 맡기는 사람이 있습니다. 그런 사람 중에는 복권에 당첨되어 인생을 바꾼 사람들도 있습니다. 그런데, 당첨하기까지의 뒷얘기를 귀담아들어야 합니다. 복권에 당첨된 사람들은 가장 기분이 좋을 때, 가장 좋은 시간대에 때를 맞춰가면서, 심지어 전국에 소문난 복권방을 찾아서라도 한 주도 쉬지 않고 복권에 투자한 사람들입니다. 행운을 잡기 위한 노력이 가상한 것이고, 그런 노력의 결과로 당첨의 영광을 맛보았다면 공짜가 아닌 실력으로 인정해 주어야 합니다.

물론 아무것도 행하지 않고 마냥 요행수를 바라는 것, 하늘에서 그냥 돈이 뚝 떨어지기를 바라는 것은 공짜 심보임이 분명합니다. "나는 지지리도 운이 없는 사람이야." 아무것도 하지 않고 감나무에서 감이 떨어지기만을 기다리는, 진짜로 공짜 좋아하는 사람들의 말입니다. 개미와 베짱이의 이솝우화를 잘 알고 있습니다. 콩 심은 데 콩

나고, 팥 심은 데 팥이 납니다. 절대로 콩을 심지도 않았는데 콩이 나오는 법이 없습니다. 세상에 공짜는 없다는 말에 공감한다면, 이미 당신은 행동으로 변화하는 삶을 살고 있는 것입니다.

■ 두려움을 이기고 도전하십시오!

1957년 알베르 카뮈에게 밀려 노벨 문학상을 놓친 니코스 카잔차키스가 쓴 소설 《그리스인 조르바》에는 이런 말이 나옵니다. "우리가 경계해야 할 것은 낯선 것이 아니라 익숙한 것이다." 경계해야 할 것이 바로 익숙한 것이라고 말하고 있습니다. 낯선 것은 두려움의 대상입니다. 하지만 낯선 곳으로 가지 않으면 얻어지는 것이 없습니다. 낯선 곳을 향하여 도전해야 변화가 생기고 새로운 것을 찾을 수 있다는 것입니다. 낯선 것, 낯선 곳은 마땅히 도전할 가치가 있는, 또 반드시 도전해야 하는 당위의 곳이라고 강조합니다.

한 번뿐인 인생, 두려울 것이 뭐 있겠습니까? 정직하게, 성실하게, 법과 도덕을 준수하면서 사는 인생, 두려울 것이 전혀 없습니다. 한 농부는 말했습니다. "열매가 왜 달고 맛이 있는지 아느냐? 비와 태풍 온갖 풍파를 다 맞고 나니 비로소 그 맛이 생겨난 것이다." 비와 태풍이라는 두려움을 이긴 도전의 결과입니다. 어차피 도전은, 시도해 본 경험이 없기에 두려운 생각이 드는 것은 사실입니다. 하지만 제가 얘기하고자 하는 두려움은 그런 합리적이고 생리적인 두려움이 결코 아닙니다.

내가 말하고자 하는 두려움은 도전을 방해하는 위장 두려움을 말합니다. 그 두려움이라는 것은, 가능한 일임에도 불구하고 불가능하다고 심리를 왜곡시키면서 도전을 가로막고 있습니다. 나의 유약함이 도전해 보지도 않고 두려움에 떨게 하고 있습니다. 나의 준비하지 않음이 두려움을 직접 초대하고 있습니다. 그 두려움이라는 것은 변명거리의 또 다른 표현에 불과합니다. 그 두려움은 '안 되면 어떡하지?' 하는 결과에 대한 실패의 두려움이 본질입니다. 두려움을 없애는 확실한 방법이 하나 있습니다. 그 위장 두려움을 없애기 위해서는, 그리고 두려움을 이기기 위해서는 철저한 사전 준비가 필요합니다. 바로 유비무환의 정신입니다. 두려움도 준비하는 자에게는 당해낼 재간이 없습니다.

도전이라 하면 거창하게 들릴지 모르겠습니다만, 하루하루가 도전의 연속입니다. 부연하면, 여기에서의 도전은 하루하루의 생활을 깊이 있게 생각하고 변화시키는 일상을 말합니다. 일상을 사는 데 굳이 두려워해야 할 필요가 없는 것입니다. 도전하지 않는다면 다람쥐 쳇바퀴 돌리듯이 진전 없는 반복된 일상에서 벗어날 수 없습니다. 준비 없는 나의 태도, 나약함, 나태하고 게으름, 무사안일, 그리고 실패의 두려움이 정작 위장 두려움의 실체라는 사실을 직시하고, 그런 두려움 따위는 나의 사전에서 바로 지워버려야 합니다. 그럴 때 도전이 바로 앞장서서 나와 동행해 줍니다.

■ 말보다 글이 좋습니다!

말은 공격의 대상이지만, 글은 관찰의 대상이라고 합니다. 말이 직설적이고 감정적이라면, 글은 사색적이고 이성적이라고 합니다. 말은 싸움과 분열을 낳을 수 있지만, 글은 성찰과 반성을 낳는다고 합니다. 말에는 숱한 거짓이 난무하지만, 글에는 거짓이 숨을 여백이 없습니다. 말은 생각 없이 허투루 뱉을 수 있지만, 글은 아무리 짧은 글이라도 생각 없이 쓰는 경우는 찾아보기 어렵습니다. 그래서 저는 말보다는 글을 좋아합니다. TV를 보는 것보다는 책을 읽는 것을 좋아하는 것도 그런 이유에서입니다. 물론 세상에 예외 없는 규칙은 없다는 격언은 말과 글에도 통용되는 명언입니다.

글을 쓰다 보면 수시로 고치고 수정을 합니다. 몇 번이고 반복한 후에야 비로소 내세울 만한 글이 완성됩니다. 글을 쓰는 데에는 이러한 드러난 교정만 있는 것이 아닙니다. 바로 나를 교정하는 마음의 자정 능력이 그것입니다. 그래서 글 쓰는 사람들이 비교적 순수한 축에 든다고 얘기합니다. 글을 썼다가 고쳐 쓰기를 반복하는 것은 자기 마음을 고치고 수정하고 교정하는 것으로 봐도 무방할 것입니다. 일기를 써보면 압니다. 아무리 선생님께 제출해야 하는 일기장이라도 거짓으로 일기를 쓸 수는 없습니다. 양심이 허락하지 않습니다. 글을 쓰면서 마음을 교정하는 것, 글 쓰는 것 이상을 얻는 가치입니다.

호랑이는 죽어서 가죽을 남기고 사람은 죽어서 이름을 남긴다는 속담이 있습니다. 이름을 글로 바꿔 표현하면 딱 맞는 말인 것 같습니다. 사람은 죽어서 글을 남긴다. 이름은 누구에게나 다 있는 간판입니다. 이름의 소중함을 무시하는 말이 결코 아닙니다. 이름만으로는 내용물인 실체를 다 확인할 수 없습니다. 글은 실체이고, 유전자이고, 후손 대대로 좋은 유전자를 이어 줄 수 있는 가장 가치 있는 유산입니다.

글은 치유의 공간입니다. 우울증에 걸린 사람들에게 일기를 쓰도록 권유합니다. 일기를 쓴다는 것은, 바로 자신의 삶을 되돌아보는 기회를 얻게 되는 것입니다. 그리고 자신이 소중하다는 사실을 새롭게 느끼게 됩니다. 글은 생각을 수반하기에 생각을 깊이 하면 할수록, 우울증은 거짓말처럼 말끔하게 사라지고 맙니다. 아픔은 말로 표현하면 아픔이 더해지는 경우도 많으나, 아픔을 글로 풀어쓰면 아픔마저도 이기게 해주는 힘이 생겨납니다.

말에도 책임이 따르지만, 글은 더 큰 책임이 따릅니다. 말의 책임은 대부분 부담을 지는 책임이지만, 글의 책임은 부담이 아닌 본이 되어야 한다는 가치추구형 책임이 됩니다. 따라서 글은 나 아닌 남에게 선한 영향을 미치게 되고, 스스로 선한 행동을 하도록 자기 최면을 유도합니다. 부담 책임이 아닌 선한 가치로서의 책임은 많으면 많을수록 삶이 풍족해지는 것, 글을 써보면 알 수 있습니다.

글은 한 번 쓰기 시작하면 계속 쓰고 싶다는 생각이 듭니다. 아마도 글을 쓰는 재미가 어떤 재미보다도 좋아서 그런가 봅니다. 글을 쓰십시오. 그리고 쓴 글들을 책으로 엮어 보십시오. 그 무엇으로도 바꿀 수 없는 재미와 가치를 느낄 것입니다. 다이아몬드는 희소성 때문에 교환가치가 큰 것입니다. 사용 가치에 있어서는 구리만도 못하고, 은만도 못합니다. 희소성이 다이아몬드를 가치 있게 만든 것입니다. 내가 지은 책은 세상에 유일하기에, 그만큼 희소성이 있습니다. 다이아몬드는 저리 가라입니다. 희소성이 가치라면 나의 책은 무한한 가치가 있는 보물입니다. 여러분! 여러분의 글을 쓰기를 희망합니다.

■ 인연은 소중합니다!

저는 이 책이 인연이 되어 여러분과 교감을 나누게 되었습니다. 인연도 여러 가지가 있습니다. 좋은 인연도 있습니다. 나쁜 인연, 즉 악연도 있습니다. 또 불필요한 인연도 없지는 않습니다. 하지만 세상사 옷깃만 스쳐도 인연이라 하지 않습니까? 따지고 보면, 잘못된 인연이라는 것도 내가 판단한 것이고, 나로 인해 발생한 경우가 적지 않습니다. 그럴 때는 나 자신의 잘못임을 고백하면서, '내 탓이오'를 마음속으로 반복합니다. 그래서 저는 어떠한 인연이라도 소중히 여기려고 의식적으로 노력하고 있습니다. 이 책을 통해서 여러분과 소중한 인연을 맺었습니다.

공자는 '3인행 필유아사언'이라고 했습니다. 꼭 좋은 스승만 스승은 아닌 것 같습니다. 반면교사의 교훈을 얻을 수도 있지요. 아무튼 인연은 소중한 것입니다. 저의 졸저를 택해 주시고, 끝까지 읽어 주셔서 감사드립니다. 부디, 반면교사라도 좋습니다. 한 가지라도 독자 여러분의 삶에 자양분이 되어서 인생을 살아가는 동안 터럭만큼의 보탬이라도 되었으면 하는 소원을 마지막으로 담아 봅니다.

저자 소개

김용현

건국대학교 문리과대학 수석졸업(영문학사)

한국방송통신대학원 졸업(경영학석사)

대우그룹 공채 합격

대우전자(주) 인사·노사·관리총괄 임원

대우전자서비스(주) 관리·마케팅총괄 임원

노사발전재단 일터혁신 자문위원

LETS경영컨설팅 대표

중원대학교 강사 등 역임

저서 샐러리맨 이렇게 디자인하자

저자와의
협의하에
인지생략

I-MARKETING

2021년 04월 21일 초판 인쇄
2021년 04월 28일 초판 1쇄 발행

저 자 : 김용현
발행인 : 정광식
발행처 : **비앤엠 북스**
서울특별시 금천구 가산디지털1로 70 B1-103
등 록 2004. 12. 29. / 제313-2004-00298호
전 화 2627-5710~13, 팩스 2627-5720
홈페이지 www.대학교재.net
이 메 일 bnmbook@daum.net

가격 17,000원 ISBN 978-89-6821-130-0